KAMPENWAND
VERLAG

ISBN: 978-3-98660-135-5

Raiffeisenstr. 4 · D-83377 Vachendorf
www.kampenwand-verlag.de

Versand & Vertrieb durch Nova MD GmbH
www.novamd.de · bestellung@novamd.de · +49 (0) 861 166 17 27

Text: Johanna Kramer
Lektorat: Andrea Langenbacher
Korrektorat: Désirée Wörner / Lektorat Wortspirit
Bilder: Shutterstock / ©Zapatosoldador

Druck: FINIDR, s.r.o. . L.pov. 1965, 737 01 Český Těš.n,
Česk. republika

LIEBE

GLAUBE

SCHREIBE

JOHANNA KRAMER

ERSCHAFFE
EIN LEBEN,
DAS DU LIEBST

INHALT

Mama, in jedem Wort, das ich schreibe, finde ich ein Stück von dir. Deine Liebe hat diese Seiten mit Leben gefüllt. Dieses Buch ist für dich und all deine ungelebten Träume.

EINFÜHRUNG

Jede Reise von tausend Meilen
beginnt mit einem ersten Schritt.

Lao Tseu

Wann immer ich die Augen schließe, und an meine Kindheit zurückdenke, sehe ich den alten Bauernschrank in unserem Wohnzimmer, bis unter den Rand gefüllt mit Kunstbüchern, und meine Mutter, wie sie auf dem Sofa sitzt und abends allerhand kreative Arbeiten erledigt. Ich sehe mich selbst, wie ich die steile Kellertreppe hinab in ihre Töpfer-Werkstatt hüpfe, wo mich ein Geruch nach Ton, Glasur und Liebe empfängt. Erdige Düfte, glasige Düfte, ein leichtes Leben, erfüllt von Kreativität und Freude. Ein Leben, in dem ich meine Hände benutzen und spielen durfte.

Wann immer meine Mutter an ihrer Drehscheibe saß: Dort sah ich sie lächeln. Die Hände nass und voller Ton. Neben ihr ein Brett, auf das sie die frisch gedrehten Gefäße stellte. Die Töpferscheibe mit einem Klumpen Ton darauf drehte sich schnell wie der Wind, und ich sah fasziniert dabei zu, wie etwas Frisches, Rohes unter wohlwollendem Druck, mit Zeit und Hingabe in seine ganz eigene Form fand.

Als sich meine Eltern Jahre später scheiden ließen, verlor ich die Leichtigkeit, Freude und Zuversicht, die ich als Kind in der Werkstatt spürte. Stattdessen begleitete mich immerzu eine leise Angst, dass das Leben unsicher ist und ich Menschen verlieren würde, die mir wichtig sind. Ich wollte das nicht und wehrte mich gegen Veränderung, auf die ich scheinbar keinen Einfluss hatte. Lange war mein Alltag geprägt von Unruhe, Angst und Unsicherheit. Und später, als ich zu arbeiten begann, waren Stress und das Gefühl, nirgendwo richtig zu sein, ständig präsent.

Mit dreißig stand ich dann an einem Punkt in meinem Leben, an dem ich sehr verzweifelt war, auch wenn es nach außen anders gewirkt haben mag. Ich hatte wenig Selbstvertrauen und war innerlich zerrissen, weil ich dachte, es gäbe nichts auf dieser Welt, das mich ebenso erfüllt, wie es die Töpferei bei meiner Mutter tat. Damals studierte ich neben meinem Vollzeitjob in einem Großkonzern International Business Communication und wurde nach einigen Jahren zur Area Sales Managerin befördert. Doch meine Arbeit erfüllte mich nicht und ich war überzeugt davon, dass ich kein bestimmtes Talent besäße, keine Gabe, mit der ich mir ein neues, ein anderes Leben erschaffen könnte. Jeden Morgen aufzustehen, um in diesem großen Bürokomplex zu sitzen, und an feste Arbeitszeiten gebunden zu sein, wurde eine immer größere Qual. Wenn ich aus dem Fenster blickte, sehnte ich mich nach einem anderen Leben. Dabei war diese Stelle genau das, worauf ich jahrelang hingearbeitet hatte. Genauer gesagt, war sie alles, womit ich mich bis dahin identifiziert hatte. Damals wollte ich studieren, um dann beruflich um die Welt zu reisen. Am Anfang fühlte ich mich noch sehr euphorisch, weil ich neue Länder und Kulturen entdecken durfte, doch das Gefühl in mir, nicht am richtigen Ort zu sein, wurde immer lauter. Die anfängliche Begeisterung wurde von anstrengenden Routinen, schlechter Stimmung im Büro und einem Berufsleben überschattet, das in Wahrheit überhaupt nicht mir und meinem Wesen entsprach. Mir fehlte der Sinn hinter dem, was ich tat. Die Sehnsucht nach der Kreativität, die ich als Kind spüren durfte, wuchs mehr und mehr.

Als meine Mutter schließlich an Krebs erkrankte und zwei Jahre später starb, änderte sich alles: Schmerzhaft wurde ich daran erinnert, dass das Leben vergänglich ist. Dass die Endlichkeit all die Pläne, die wir auf später verschieben, unverwirklicht mit sich reißen kann. Dass es nicht ungewöhnlich ist, morgens aufzuwachen und plötzlich festzustellen, dass man mehr daraus hätte machen können und einem keine Zeit mehr bleibt. Als ich meine Mutter verlor, wurde mir bewusst, dass das Leben zu kurz ist, um es mit einer Tätigkeit zu verbringen, die mir keinen Spaß macht und die mich vielleicht sogar irgendwann krank machen würde. Das war der Punkt, an dem ich den Entschluss fasste, herauszufinden, wie ich mein Leben anders gestalten könnte. Ich wünschte mir ein Leben, von dem ich sagen kann: „Ich fühle mich wohl, mit dem, was ich tue. Ich kann dahinterstehen. Ich liebe es."

Ich wünschte mir einen Arbeitsalltag, der zu mir passt. Ich wollte in meinem eigenen Rhythmus leben. Ich wollte mehr Freiheit und Selbstverwirklichung. Und ich wollte etwas bewirken. Ich beschäftigte mich damals schon mit Affirmationen und dem Gesetz der Anziehung und ich wusste: Aufschreiben ist kraftvoller als denken. Also nahm ich einen gelben Post-it und schrieb: Ich finde meine Berufung. Diesen Zettel trug ich immer im Geldbeutel bei mir.

Aufgrund größerer Umstrukturierungen im Betrieb bot sich mir knapp ein Jahr später die Gelegenheit, eine Abfindung anzunehmen. Ich unterschrieb den Aufhebungsvertrag. Nur sechs Wochen später verließ ich das Unternehmen - ohne auch nur den leisesten Hauch einer Ahnung zu haben, was ich in Zukunft machen sollte. Um das herauszufinden, brauchte ich Abstand. Deshalb zog ich mich zurück und setzte mich intensiv mit Spiritualität auseinander und las viel. Ich kaufte mir Mal- und Bastelzeug. Und schon am ersten Tag meiner Auszeit begann ich zu schreiben. Mein Notizbuch war in dieser Zeit mein Anker, mein Rettungsring. Zu schreiben hat mir nicht nur dabei geholfen, die Trauer über den Verlust meiner Mutter zu verarbeiten, sondern auch herauszufinden, wie ich mir mein Leben vorstellte. Wer ich bin, wer ich sein könnte, wer ich sein wollte. Ich meine damit nicht das Schreiben von Geschichten, sondern das Schreiben über mich selbst. Über das, was mich quälte, belastete, wütend oder traurig machte. Über meine Gefühle, Wünsche, Träume und Bedürfnisse.

Aus eigener Erfahrung weiß ich heute, dass uns das Schreiben aus Krisen leiten und uns dabei helfen kann, verschiedene Lebensfragen zu beantworten. Es hilft uns, unseren Mut und unsere Stärken zu entdecken und freizulegen, was von Zweifeln und Angst verschüttet in uns liegt. Wir finden kleine Momente der Entspannung im Alltag und lernen uns selbst und unsere Bedürfnisse besser kennen. Unser Unterbewusstsein wird aktiv und bringt die Personen und Gelegenheiten in unser Leben, die wir brauchen, um zu wachsen und den Weg zu gehen, auf dem wir all das entfalten und mit der Welt teilen können, was in uns ist.

Etwa eineinhalb Jahre nach meiner Kündigung drückte mir eine Freundin das ENGELMagazin in die Hand. „Das ist was für dich“, sagte sie und deutete auf eine Seite, auf der Barbara Pachl-Eberhart zu einem kreativen Schreibkurs nach Österreich einlud. Mein Herz schlug höher, als ich den Titel las: Sonnenseiten, Glücksmomente und Honigtropfen auf Papier.

„Da muss ich hin!“, antwortete ich.

Kurze Zeit später nahm ich zum ersten Mal an einem Schreibkurs teil und entdeckte, dass ich das Schreiben zu meinem Beruf machen möchte. 2018 veröffentlichte ich dann meinen ersten Roman „Wir können alles sein". Ich werde nie vergessen, wie es war, als ich mein gedrucktes Buch - das Werk, das ich selbst verfasst hatte – in den Händen hielt. Das Gefühl ist bis heute noch unbeschreiblich. Ich fühlte mich angekommen. Angekommen an einem Punkt auf meiner Reise, den ich mir noch wenige Jahre zuvor nie hätte erträumen können. Einige Zeit später erschien mein zweites Buch, das „Mondjournal". Eine Kombination aus Ratgeber und Notizbuch, das zu einem regelmäßigen Schreibritual zu Neu- und Vollmond anleitet. Anschließend das Buch „Meine Morgenseiten".

Es hat einige Monate gedauert, bis ich herausgefunden hatte, dass ich Schriftstellerin sein möchte. Bis dahin wusste ich lange Zeit nur, was ich nicht mehr in meinem Leben wollte. Doch genau das - zu wissen, was man nicht will - kann der erste Schritt sein und eine große treibende Kraft. Der Schmerz, den man erlitten hat und den man nie wieder erleben möchte, ist ein starker Motor, die eigenen Träume zu verwirklichen. Ich bin mir sicher, dass jeder ein bestimmtes Talent hat, eine Leidenschaft, mit der er geboren wurde und mit der er diese Welt bereichern kann. In jedem von uns schlummert ein göttliches Potenzial, das gelebt werden will. Deshalb sind wir hier. Auch du. Auch in dir schlummert dieses Potenzial. Du erkennst es an der Stimme deines Herzens. Das, was wir leidenschaftlich gerne tun, die Träume und Wünsche, die aus unserem Herzen kommen, entsprechen immer unseren natürlichsten Talenten und Fähigkeiten.

Vor zehn Jahren, als meine Reise begann, war ich wie ein Klumpen Ton auf der Drehscheibe. Und wie er sich unter dem wohlwollenden Druck der Hände meiner Mutter veränderte, wollte auch ich so gerne in meine eigene Form finden.

Was mir dabei geholfen hat, das erfährst du in diesem Buch, das du gerade in den Händen hältst. Wenn wir entdecken, was uns ausmacht und uns dem hingeben, was von Natur aus längst in uns angelegt ist, dann können wir die Art von Erfüllung finden, nach der wir uns sehnen. Ein erfülltes Leben ist eines, das wir ganz ausfüllen. Wir selbst. Nicht von außen nach innen, sondern von innen nach außen. Wir befüllen es mit dem, was wir lieben und können. Doch wie finden wir heraus, was genau das ist?

Hätte ich mir damals ein Buch wünschen können, das mir auf meinem Weg geholfen hätte, es wäre kein Buch voller Ratschläge gewesen, sondern ein Buch voller Inspirationen. Ein Buch, das mir vor allem eins an die Hand gegeben hätte: die richtigen Fragen, über mich und das Leben. Ein Buch, das mir auf kreative, leichte Art und Weise dabei geholfen hätte, mich selbst zu entdecken und mir, meinen Talenten und Gaben auf die Spur zu kommen. Ich hoffe, dass ich nun so ein Buch schreiben konnte, für all jene, die ebenso eine Sehnsucht oder einen Ruf in sich spüren.

In „Glaube, liebe, schreibe" öffne ich dir mein Herz, und ich lade dich ein, dasselbe zu tun. Was du hier findest, ist kein starres Regelwerk, kein Sechs-Wochen-Programm, das dir verspricht, dass dein Leben danach ein völlig anderes ist. Ich habe mir das in der Vergangenheit oft gewünscht, doch es gibt kein Buch und auch keine magische Formel, die unsere Probleme mit einem Fingerschnipp wegzaubert. Es gibt nicht diese eine Sache, die uns schnell und mühelos aus unangenehmen Situationen hinauskatapultiert.

Was es jedoch ganz sicher gibt, ist ein Leben, das du lieben kannst. Aus tiefstem Herzen. Der Weg dorthin ist ein Prozess. Das Wunder bewirkst du selbst.

Deshalb ist dieses Buch eine Einladung an dich, dich selbst so gut kennenzulernen, dass dir das gelingt. Denn nur, wenn du dich gut kennst, weißt du auch, was du brauchst für ein Leben, in dem du dich wohlfühlst und in dem es dir Spaß macht, du selbst zu sein.

Dieses Buch zeigt dir also nicht den einen richtigen Weg. Ich glaube, den gibt es nicht. Ich bin davon überzeugt, dass jeder Mensch seinen eigenen, individuellen, für ihn richtigen Weg findet. Die Antwort auf die Frage, wie dieser aussieht, liegt nur in dir selbst verborgen.

Bitte schenke dabei auch einem kleinen Gedanken von mir Beachtung: Ein Buch kann aus meiner Sicht immer nur ein Ausschnitt sein, ein Kapitel meiner letzten Jahre und dem, was ich in dieser Zeit Wertvolles gelernt und erfahren habe. Es ist nicht das ultimative Werk, das alle Fragen beantwortet. Doch es kann eine Hand sein, die ich dir vertrauensvoll reiche, um dir zu sagen, dass du alles andere als machtlos bist. Dass du die Kraft hast, statt der Angst die Liebe zu wählen.

Die Erfüllung deiner Sehnsucht nach einem authentischen und erfüllten Leben ist kein ferner Traum, sondern vielleicht nur eine Seite entfernt.

Dazu stelle ich dir in diesem Buch vor, was Journaling ist (nämlich eine bestimmte Form des Tagebuchschreibens) und zeige dir Übungen, die du ganz leicht in deinen Alltag integrieren kannst, auch wenn du wenig Zeit hast, und die trotzdem oder gerade deshalb eine große Kraft entfalten.

Ich bin sicher, sobald du einmal den magischen Effekt der kleinen Übungen entdeckt hast, wirst du große Lust darauf haben, immer öfter zu schreiben und auch einmal mehr Zeit zu investieren.

Mit manchen Dingen, über die ich in diesem Buch schreibe, wirst du in Resonanz gehen, mit anderen vielleicht nicht. Das ist normal und gut so, und ich lade dich dazu ein, das umzusetzen und anzuwenden, was sich für dich stimmig anfühlt. Wir sind unterschiedliche Individuen, wir stehen an verschiedenen Punkten in unserem Leben, haben andere Bedürfnisse. Beim Schreiben dieses Buches war mir das bewusst. Wenn du das Buch zu einem späteren Zeitpunkt, in einigen Wochen oder Monaten wieder zur Hand nimmst, könnte es sein, dass sich eine der Übungen, die dir heute nicht gefällt, vielleicht als genau die richtige erweist. Alle Übungen, habe ich in den letzten Jahren genauso oder in ähnlicher Form wie in diesem Buch beschrieben selbst durchgeführt.

Und wenn du mich fragst, wie es mir heute geht, viele Jahre nachdem ich meinen ungeliebten Arbeitsplatz verlassen habe, dann würde ich antworten, dass mein Leben in einem starken Kontrast zu meinem damaligen Leben steht. Für mich ist mein Leben teilbar. Es gibt ein Leben vor meiner Kündigung und eines danach. Es gibt ein Leben, bevor ich angefangen habe, Tagebuch zu schreiben, und eines danach. Durch meine Arbeit als Autorin, Kursleiterin für Journaling-Workshops und Schreibtherapeutin (und auch privat) treffe ich immer wieder Menschen, die unglücklich und genauso auf der Suche sind, wie ich es damals war. Wenn ich davon erzähle, dass ich meinen unbefriedigenden Job an den Nagel gehängt habe, um heute Schriftstellerin zu sein, tauchen immer wieder die gleichen Fragen auf:

Wie hast du das geschafft?

Wie hast du den Mut gefunden?

Woher wusstest du, wohin die Reise geht?

Was hast du über die Jahre getan, um dahin zu kommen, wo du jetzt bist?

Immer wenn mir diese Fragen gestellt wurden, hätte ich mir gewünscht, ich könnte dieser Person ein Buch in die Hand drücken und sagen: „Hier, lies das. Dort steht, was mir geholfen hat. So kannst vielleicht auch du deinen Weg finden."

Um genau dieses Buch zu schreiben, habe ich mich gefragt, was dazu geführt hat, dass ich heute sagen kann:

Es macht Spaß, ich zu sein.

Mit allem, was ist.

Ich achte und respektiere mich - für all die Entscheidungen, die ich bis hierher getroffen habe. Und auch für die, die ich vielleicht versäumt habe. Mit all meinen Fehlern.

Ich bin dankbar für meine Erfahrungen.

Ich liebe mein Leben. Mit all seinen Herausforderungen. Mit all seinen Höhen und Tiefen.

Vor Jahren sah das noch ganz anders aus. Den Gedanken, mein Leben zu lieben, fand ich absurd. Denn das hätte bedeutet, auch mich selbst darin zu lieben – mit all meinen Fehlern, Ängsten und Unvollkommenheiten.

Ich fühlte mich oft verloren und verzweifelt. Ich suchte nach einem Platz im Leben, an dem ich mich wohlfühlte, und fragte mich, ob ich jemals das Gefühl von innerem Frieden finden würde. Ich fühlte mich in jeder Hinsicht ungenügend: Ich war nicht perfekt genug, wusste noch nicht genug, konnte noch nicht genug, gab noch nicht genug. Ich kannte meine inneren Werte nicht und hatte deshalb kein Fundament für ein erfülltes, authentisches Leben. Doch dann begann ich mit dem Journaling und fing an, die Geschichten zu hinterfragen, die ich mir selbst und anderen über mein Leben erzählte. Über die Jahre habe ich dadurch drei Schlüssel entdeckt, die mir dabei geholfen haben, die Tür zu einem erfüllten Leben zu öffnen. Es sind drei Worte. Jedes für sich enthält eine ganze Welt. Jedes trägt eine eigene und kraftvolle Energie in sich:

Glaube

Liebe

Schreibe

„Glaube, liebe, schreibe" – diese drei Worte können alles verändern. Lass mich kurz erzählen, was sie für mich bedeuten:

GLAUBE

Ich habe überprüft, was ich tief in mir drin wirklich glaube – über die Welt und das große Ganze, über mich, mein Gegenüber oder eine Situation, die ich gerne ändern würde. Dann habe ich entschieden, was ich ab sofort darüber glauben möchte. Denn was du glaubst, formt deine Realität.

LIEBE

Ich habe mich immer wieder für die Liebe entschieden. Die Liebe zum Leben, zu mir selbst und zu den Herausforderungen, die es mir bietet. Die Liebe zu anderen Menschen. Ich habe mir Dinge, die mich belasten oder herausfordern, in Liebe von der Seele geschrieben und meine Geschichte mit Liebe neu geschrieben. Denn die Liebe ist die größte transformative Kraft im Universum.

SCHREIBE

Ich habe mir viele Fragen gestellt. Mutige Fragen, die richtigen Fragen, um mich und mein Leben und meinen Weg besser zu verstehen. Diese Fragen, habe ich nicht in meinem Kopf beantwortet. Nicht mit dem Verstand. Ich habe sie aufgeschrieben und dadurch mit dem Herzen beantwortet. Dabei habe ich mich tiefgehend mit mir selbst und meinen aktuellen Themen auseinandergesetzt. Ich habe mich selbst gut kennengelernt. Denn nur, wenn ich weiß, wer ich bin, kann ich mein ganzes Potenzial leben und mir ein Leben aufbauen, das meinen Bedürfnissen entspricht.

Jedem einzelnen dieser Schritte habe ich ein Kapitel dieses Buches gewidmet. Wir beginnen mit dem „Schreiben", denn es ist nicht nur das Fundament, sondern auch die Brücke, die „Glaube" und „Liebe" miteinander verbindet.

SCHREIBE

SCHREIBEN IST GELEBTE HOFFNUNG

Vielleicht ist dir aufgefallen, dass der Titel dieses Buches an ein berühmtes Bibelzitat angelehnt ist: „Glaube, Hoffnung, Liebe, diese drei; die Liebe aber ist die Größte unter ihnen" (1. Korinther 13,13).

Diese Worte sind vielen Menschen bekannt und haben Generationen inspiriert. Auf meiner Entdeckungsreise zu mir selbst war das Schreiben in der schwierigsten Zeit meines Lebens mein Anker. Der Anker ist ein Zeichen der Zuversicht, Beständigkeit und Sicherheit, er hält selbst in den stürmischsten Zeiten ein Schiff fest - unser Lebensschiff, wenn man so will. Der Anker ist das Symbol für die Hoffnung. Sie lebt in allen von uns. Sie ist ein Gefühl, das uns sagt: Es gibt eine Möglichkeit. Ich kann mein Leben und diese Welt verbessern. Doch manchmal reicht die Hoffnung allein nicht aus, um etwas zu verändern. Erst, wenn sie von bestimmten Handlungen und Entscheidungen begleitet wird, können wir etwas transformieren. Hoffnung ist also auch eine treibende Kraft, die uns in Bewegung bringt und die uns motiviert, uns für etwas einzusetzen, das sich richtig anfühlt. Für ein erfüllteres Leben, eine bessere Zukunft, gesündere Beziehungen, mehr Liebe. Dabei kann diese Hoffnung aus verschiedenen Quellen strömen. Vielleicht ist es der Glaube an eine höhere Macht, die uns führt und unterstützt - nicht nur in schwierigen Zeiten. Vielleicht strömt das Gefühl der Hoffnung auch aus einer Freundschaft, die uns guttut, aus der Gemeinschaft und dem Zusammenhalt, den wir erleben. Oder sie hat ihren Ursprung in einer tiefen inneren Überzeugung, dass jeder von uns die Fähigkeit besitzt, Veränderung zu bewirken, wenn wir uns nur dafür einsetzen. Diese Gedanken zeigen, dass Hoffnung nicht nur eine vage Vertröstung auf die Zukunft ist, sondern eine Energie, die uns die Macht verleiht, JETZT aktiv zu werden. Eine Energie, die uns bewusst macht: Wir können einen Wandel bewirken. Immer. In jeglicher Hinsicht.

In meinem Leben gab es immer wieder Zeiten, in denen ich mich machtlos gefühlt habe, verwirrt oder verzweifelt. Und immer wieder gab es diese eine Sache, die dann mehr als alles andere eine Quelle der Stärke und des Mutes für mich war: das Schreiben. Das Schreiben steht hier also für die Hoffnung, weil es eine bewusste Handlung ist. Schreiben ist so viel mehr als ein netter Zeitvertreib:

Schreiben ist gelebte Hoffnung.

Gerade wenn wir ängstlich oder verzweifelt sind, neigen wir dazu, voreilig irgendetwas im Außen zu tun. Dabei wissen wir, dass Entscheidungen, die nicht aus dem Herzen, sondern aus einem Gefühl der Angst kommen, oft nicht die besten sind. Schreiben kann ein erster Schritt vor einer schwierigen

Entscheidung sein. Ein erster Schritt, bevor wir wirklich im Außen in die Handlung gehen. Gleichzeitig wird der Drang befriedigt, sofort etwas zu tun, wenn sich Angst und Panik breit machen. Damit vermeiden wir unnötigen Stress und Chaos. Schreibend kannst du erst einmal für innere Klarheit sorgen, auf dem Papier „üben" und „ausprobieren", was du vielleicht gerne leben möchtest. Schreibend können wir ausdrücken, was wir uns für die Zukunft wünschen, was wir reflektieren und verstehen wollen und wie wir uns selbst und unsere Gedanken definieren. Wir können uns auf dem Papier ohne Konsequenzen ausprobieren und legen uns dennoch fest, geben den Gedanken und Gefühlen Form und Substanz. Etwas, das bisher nur in deinem Kopf oder Körper als Gedanke herumschwirrte oder als Gefühl wahrnehmbar war, ist plötzlich auf dem Papier sichtbar. In diesem Sinne ist das Schreiben selbst ein Akt der Hoffnung – der Hoffnung, dass unsere Worte Bedeutung haben, dass wir Macht haben, etwas zu erschaffen. Dass das, was in uns lebt, eine Daseinsberechtigung hat. Deshalb kann uns das Schreiben auch helfen, uns mit unseren eigenen Gedanken und Gefühlen auseinanderzusetzen, um Heilung und Klarheit zu finden. Das Schreiben verleiht uns Hoffnung, indem es uns ermöglicht, uns selbst besser zu verstehen, unsere Gefühle zu verarbeiten und einen Weg nach vorne zu finden. Das Schreiben ist eine Brücke zwischen dem, was ist, und dem, was sein könnte. Es ist ein Werkzeug, mit dem wir unsere Zukunft formen und beeinflussen können. Es ist die Hoffnung, die uns antreibt, unsere Geschichte zu verstehen, unsere Gefühle einzuordnen und zu verarbeiten und unsere Gedanken positiver zu gestalten.

Deshalb ersetze ich das Wort Hoffnung in dem oben genannten Zitat durch Schreiben. Denn Schreiben ist eine tiefgreifende Form der Hoffnung. Wenn wir uns hinsetzen, um unsere Gedanken, Gefühle, Ängste und Träume aufzuschreiben, setzen wir ein Zeichen der Hoffnung. Ein Zeichen an uns selbst, dass unsere Bedürfnisse und unser Wohlbefinden zählen. Wir hören uns zu, wir lauschen der Stimme in uns, die gehört werden möchte. Schreiben ist der Akt, unsere innersten Hoffnungen festzuhalten und greifbar zu machen. Jedes Mal, wenn wir ein Tagebuch öffnen, ein leeres Blatt Papier betrachten und dann den Stift aufsetzen, um zu schreiben, begegnen wir der Zukunft mit Hoffnung. Wir glauben, dass unsere Worte, egal wie unscheinbar sie auch sein mögen, die Kraft haben, unser Leben zu heilen, zu inspirieren und zu transformieren. Im Schreiben legen wir unsere Seele offen, mit all ihren Wunden, Narben und Erfahrungen. Es ist ein mutiger Akt des Glaubens und der Hoffnung – der Glaube daran, dass unsere Erfahrungen nicht umsonst geschehen, dass sie eine wichtige Botschaft für uns bereithalten und wir die Energie zu jederzeit wandeln können, die gerade in uns und unserem Leben Raum einnimmt. So wie der Glaube uns den Mut gibt, voranzukommen, und die Liebe uns die Stärke gibt, uns selbst und anderen gegenüber gütig zu sein, gibt uns das Schreiben die Hoffnung, dass wir in der Lage dazu sind, unser Leben zu meistern.

Schreiben ist eine ständige Erinnerung daran, dass es trotz der Dunkelheit um uns herum immer ein Licht der Hoffnung gibt – und dieses Licht können wir mit unseren eigenen Worten entzünden. Bestimmt hast du schon viele Momente erlebt, in denen du von Hoffnung erfüllt warst. Diese zarte Flamme in dir, die dir sagt, dass morgen ein besserer Tag sein könnte, dass es immer eine Möglichkeit für Veränderung gibt. Doch einfach nur zu hoffen, ist wie träumen von einem Ziel, ohne jemals den ersten Schritt zu wagen. Schreiben ist dieser erste Schritt. Es ist der Akt, unsere Hoffnungen aus dem Reich der Gedanken und Wünsche in die physische Welt zu bringen. Jedes Wort, das wir zu Papier bringen, ist ein Bekenntnis zu unserer eigenen Kraft. Schreiben ist, als würden wir unsere Hoffnungen in Stein meißeln, sie real und unvergänglich machen. Das entfaltet eine

Energie, die unaufhaltsam ihren Weg nimmt und sich in unserem Leben ausbreitet.

Wenn du also das nächste Mal von einem tiefen Gefühl der Hoffnung erfasst wirst, erinnere dich daran, dass dieses Gefühl ein Ausgangspunkt ist. Die wahre Magie geschieht, wenn du deine Hoffnung mit einer Handlung verknüpfst. Diese Handlung ist das Schreiben. Setze dich hin und schreibe. Lass die Worte fließen und mache deine Hoffnung greifbar.

JOURNALING ALS WEG, DEIN LEBEN ZU GESTALTEN

Ich brauche nichts als ein Stück Papier und ein Schreibwerkzeug, und ich werde die Welt aus den Angeln heben.

Friedrich Nietzsche

Ich falle jetzt gleich mit der Tür ins Haus: Alles, worum ich dich bitte, ist, dass du ab jetzt regelmäßig schreibst. Fünf Minuten. Mehr nicht. Am besten täglich. Nur fünf Minuten. Wenn sich der Gedanke, täglich zu schreiben, gerade noch überwältigend für dich anfühlt, dann schreibe wenigstens zwei bis drei Mal die Woche. Wichtig ist nur, dass du es regelmäßig tust.

Warum? Weil Nietzsche recht hat? Können wir unsere Welt durch eine einfache Schreibübung von fünf Minuten aus den Angeln heben? Ja, das können wir. Er hat recht. Ich habe es selbst erlebt. Schreiben ist ein Weg, dein Leben zu ordnen oder es (neu) zu gestalten. Die Übung, die wir dafür nutzen, stelle ich dir auf den nächsten Seiten vor. Da ich ein Mensch bin, der gerne weiß, warum er etwas tut, will ich jedoch mit ein paar wichtigen Hintergrundinformationen zum Schreiben beginnen. Wenn mir eine Tätigkeit sinnlos erscheint, weil ich den Nutzen dahinter nicht verstehe oder es mir kein Gefühl von Sinnhaftigkeit gibt, dann habe ich ehrlich gesagt keine große Motivation, es zu tun. Oder wie Joe Dispenza sagt: „Wissen geht der Erfahrung voraus."[1] Das Verständnis für eine Sache bereitet uns darauf vor, wie wir die Sache erleben. Je mehr du also über die Kraft des Schreibens weißt und verstehst, warum es so kraftvoll ist, desto besser. Ich bin überzeugt, dass dir dieses Wissen die nötige Motivation geben wird, die Übungen wirklich umzusetzen und langfristig dranzubleiben.

Die Form des Schreibens, um die es hier in diesem Buch geht, nennt man Journaling. Journaling ist eine Form des Tagebuchschreibens, bei der man Gedanken, Gefühle, Erfahrungen und auch Ziele auf Papier (oder digital) festhält. Die Begriffe Tagebuchschreiben und Journaling werden oft synonym verwendet, auch ich werde das im Laufe dieses Buches tun. Wenn man es genau nimmt, gibt es jedoch einen Unterschied zwischen dem klassischen Tagebuchschreiben und dem Journaling:

Beim klassischen Tagebuchschreiben geht es vor allem darum, Ereignisse des Tages in möglichst chronologischer Reihenfolge festzuhalten. Dabei schreiben wir vor allem über die Dinge, die im Außen passiert sind.

Beim Journaling gehen wir tiefer. Wir beschäftigen uns bewusst mit unserem Innenleben. Dazu nutzen wir gezielt bestimmte Übungen, um unser Leben aktiv zu gestalten und positiv zu verändern. Dabei gibt es keine Regeln und auch kein Richtig oder Falsch. Das Journaling ist genauso facettenreich wie die Menschen, die schreiben. Es kann therapeutisch, kreativ, reflektierend oder praktisch sein; abhängig davon, welche Ziele du damit verfolgst.

Gerade diese Flexibilität und Anpassungsfähigkeit an deine Bedürfnisse macht das Schreiben so magisch. Die Methode, die du wählst, hängt von deinen persönlichen Bedürfnissen ab, von deinem Lebensstil und sogar von deinem aktuellen emotionalen Zustand. Dein Journal kann eine Form der Selbsttherapie sein, ein kreatives Outlet, ein spiritueller Kompass oder ein lebenslanger Freund, der nie urteilt und immer zuhört. Für mich ist Journaling eine Entdeckungsreise zu mir selbst. In der Essenz geht es für mich beim Schreiben darum, dass wir uns mutig die richtigen Fragen stellen. Die richtigen Fragen über das, was wir fühlen und glauben. Wichtig ist, dass wir uns diese Fragen dann so ehrlich wie möglich beantworten und uns damit beschäftigen, was wir gerne glauben möchten, auch wenn wir denken, dass wir das eigentlich gar nicht glauben dürfen oder dass das niemals möglich sein kann. Im letzten Schritt geht es schließlich darum, offen zu sein für Veränderung und im Vertrauen zu bleiben – oder anders gesagt: in der Liebe.

Wenn ich meine Kursteilnehmerinnen frage, was Journaling für sie bedeutet, fallen immer wieder die Begriffe wie z. B. Heilung, Freiheit, Zeit für mich, alles …

Meine persönliche Journalingpraxis hat sich über die letzten zehn Jahre immer wieder verändert, sich an meine Herausforderungen, meine Lebensumstände und meine Gefühlswelt angepasst. Ich nutze das Journaling nicht nur, um meine Bücher und Magazinartikel zu schreiben, um Projekte zu planen oder meine privaten und beruflichen Aufgaben zu organisieren. Ich nutze es auch, um schwierige Situationen zu meistern, Gefühle zu verarbeiten und mich mit meinen Wünschen zu beschäftigten. Für unterschiedliche Ergebnisse, die wir gerne erzielen möchten, gibt es auch unterschiedliche Übungen.

Zu einer Übung kehre ich jedoch immer wieder zurück. Sie ist einfach und erfordert wenig Zeit (wie bereits erwähnt: nur fünf Minuten). Mit dieser einen Übung habe ich damals intuitiv angefangen, und sie ist bis heute das Herzstück meiner Schreibroutine. Diese Übung kann für sich allein stehen. Sie kann jedoch auch Ausgangspunkt für eine längere Schreibzeit sein, wenn du das möchtest. Du hast immer die Wahl, über diese fünf Minuten hinauszugehen, wenn du mehr Zeit hast.

Wenn es dir so geht wie mir früher, dann denkst du jetzt vielleicht, dass das völlig unmöglich ist. Du glaubst vielleicht, „viel hilft viel“ oder dass es schwer, mühsam und zeitaufwendig sein muss, um wirklich etwas zu bewirken. Doch oft liegt in den einfachsten Dingen die größte Magie.

SCHREIBÜBUNG: FÜNF-MINUTEN-SPRINT

Das Wort Sprint sagt schon viel über den Charakter dieser Übung aus. Denn es geht darum, dass wir zügig schreiben, ohne den Stift abzusetzen. Das ist deshalb so wichtig, weil wir nur so unseren Verstand umgehen und die Stimme unseres Herzens zu Wort kommen lassen können. Zügig schreiben. Unzensiert. Ungefiltert. So, wie es in dem Moment aus dir herauswill. Sobald wir den Stift absetzen und innehalten, um darüber nachzudenken, was wir jetzt am besten schreiben, hat der Verstand wieder die Führung übernommen. Das wollen wir nicht. Wir möchten unter die Oberfläche unserer Gedanken kommen und einen Zugang zu unserem Unterbewusstsein bekommen. Auf unser Herz hören. Dadurch ist es möglich, dass wir in fünf Minuten konzentriertem Schreiben die gleiche tiefgehende Erkenntnis erlangen wie in zwanzig bis dreißig Minuten, in denen wir abschweifen und nicht fokussiert sind. Es ist so einfach:

- ***Wähle ein Thema.***

- ***Stelle dir einen Timer auf fünf Minuten und schreibe los.***

- ***Wenn du nicht mehr weißt, was du schreiben sollst, dann schreibe genau diese Gedanken auf: „Ich weiß nicht, was ich schreiben soll.“***

Nach den fünf Minuten liest du durch, was du geschrieben hast, und fasst das Geschriebene in einem Satz zusammen. Dazu kannst du folgende Impulse nutzen:

Wenn ich meinen Text lese, wird mir klar, dass …

Mich überrascht …

Mir fällt jetzt auf …

Mir war nicht klar, dass …

Jetzt erkenne ich …

Das ist das sogenannte Reflexions-Schreiben. Lass deinen Text nach den fünf Minuten nicht allein. Mache diesen Schritt unbedingt, auch wenn er dir jetzt vielleicht unbedeutend erscheinen mag. Denn erst dieser Schritt macht die Übung vollständig. Wir erkennen darin die Essenz dessen, was gerade in uns vorgeht, und erhalten eine Art Handlungsanweisung oder eine wertvolle Erkenntnis.

MEIN VERSTÄNDNIS VON JOURNALING

Schon in meiner Kindheit und Jugend habe ich gerne Tagebuch geschrieben. Als mich nach meinem Schulabschluss das Leben in die Mangel nahm, habe ich damit aufgehört und erst 15 Jahre später, als ich mich in der größten Krise meines Lebens befand, wieder damit angefangen. Auf was für eine fantastische Reise ich mich damit begeben habe, konnte ich damals noch nicht ahnen. Nach meiner Kündigung habe ich vor allem im Bett geschrieben – an dem Ort, an dem ich mich sicher und geborgen fühlte. Dort konnte ich mich in meine Decke einkuscheln und, geschützt vor den Augen anderer, herausfinden, wo ich innerlich stehe und wofür ich meine Lebensreise angetreten habe. Zu dieser Zeit habe ich nicht darüber nachgedacht, was Tagebuchschreiben oder Journaling bedeutet, ob sich die Begriffe unterscheiden und ob es bestimmte Techniken gibt. Ich habe einfach drauflos geschrieben, weil ich gespürt habe, dass es mir guttut, mich erleichtert, mir Freude bereitet und Klarheit schenkt. Ich konnte den emotionalen Druck ablassen, der sich über die Jahre angestaut hatte, und meine Trauer über den Verlust meiner Mutter verarbeiten. Ich konnte all die Bilder, Erinnerungen und Gefühle, die in mir waren, aus mir und meinem Körper lösen und die Energie darin in etwas verwandeln, was sich gut, leichter oder einfach okay anfühlte. Mehr noch: Durch das Schreiben über meine Erfahrungen konnte ich aus einer vermeintlichen Niederlage Kraft schöpfen. Wachsen an meinen Herausforderungen. Aus erlebtem Schmerz Stärke kreieren.

Was ich von Anfang an intuitiv gemacht habe, war, mir selbst und dem Papier Fragen zu stellen. Sehr viele Fragen. Über mich, meine Möglichkeiten, meinen Weg. Am Anfang habe ich jeden Morgen eine halbe Seite geschrieben. Ich erinnere mich noch gut daran, wie verhalten ich am Anfang war und wie viele Gedanken ich mir über meine Worte gemacht habe. Mit der Zeit wurde es immer leichter und flüssiger. Aus einer halben Seite wurde eine ganze, dann zwei, dann drei. Wenn du bisher noch nie regelmäßig geschrieben oder das Schreiben, wie ich, jahrelang vernachlässigt hast, dann hilft es vielleicht, dir einen alten verrosteten Wasserhahn vorzustellen: Erst einmal lässt sich der Hahn wahrscheinlich nur schwerfällig aufdrehen, und es dauert einen Moment, bis sich das Wasser seinen Weg durch die Leitungen gebahnt hat. Wenn es dann aus dem Hahn tröpfelt, ist das Wasser zunächst braun und rostig. Doch nach einiger Zeit verbinden sich die einzelnen Tropfen zu einem immer stärkeren Strahl aus frischem, klarem Wasser.

Dieses Bild habe ich im Kopf, wenn ich an die Anfänge meiner Schreibpraxis zurückdenke. Es hat mir so gutgetan, täglich zu schreiben, dass ich einfach nicht mehr damit aufgehört habe. Und ich weiß, aus tiefstem Herzen, dass es mich auf meinen Weg geführt hat, hinein in das Leben, das ich heute leben darf. Ein Leben, von dem ich sagen kann, dass ich es liebe. Nicht, weil es perfekt ist, sondern weil es mein Leben ist, meine Reise. Und weil ich verstanden habe, dass ich alles daran lieben darf. Meine Vergangenheit, meine Gegenwart und meine Zukunft.

Ich behaupte, Schreiben ist auch schon längst Teil deines Lebens. Bestimmt hast du schon Einkaufszettel geschrieben, To-do-Listen oder andere Notizen. Bestimmt hast du das gemacht, weil du weißt, dass es manchmal einfach hilfreich ist, sich etwas schriftlich zu notieren, um einen Überblick zu erhalten und sich Dinge besser zu merken oder deine Gedanken zu sortieren. Wenn du das kannst, dann kannst du dir auch eine Frage in fünf Minuten schriftlich beantworten. Je nachdem, welche Erfahrungen du bisher mit dem Schreiben gemacht hast, dreht dein Kopf bei der Vorstellung, täglich zu schreiben, vielleicht gerade durch. Ich gehe jedoch davon aus, dass dich das Wort „Schreibe“ im Buchtitel zumindest nicht abgeschreckt hat, sonst würdest du diese Zeilen gar nicht lesen. Das spricht also dafür, dass du neugierig bist und dich irgendetwas am Schreiben fasziniert.

Vielleicht wolltest du schon immer schreiben, weißt aber nicht so recht, wo und wie du anfangen sollst. Vielleicht schreibst du schon eine Weile Tagebuch, kommst aber nicht so richtig damit voran. Oder du hast damit angefangen (immer mal wieder), es ist dir aber nicht gelungen, eine Routine aufrechtzuerhalten. Vielleicht suchst du auch einfach nach neuer Inspiration für deine Schreibpraxis. Egal wo du stehst: In der ein oder anderen Form wird Schreiben schon einmal Teil deines Lebens gewesen sein. Und vielleicht überrascht es dich jetzt, wenn ich dir sage, dass ich nie den Wunsch hatte, Schriftstellerin zu sein und Deutsch in der Schule nie mein Lieblingsfach war. Im Gegenteil: Ich habe es verabscheut. Schreiben, wie es in der Schule gelehrt wurde, ist mir immer schwergefallen. An meinen Journaling-Workshops nehmen immer wieder Menschen teil, die regelrecht traumatisiert sind von der Art, wie sie in der Schule an das Schreiben herangeführt wurden. Deshalb erlebe ich auch regelmäßig, wie viele Zweifel und negative Glaubensmuster rund um das Schreiben bestehen. Zu sehen, wie dann all die rostigen Wasserhähne aufgedreht werden und es irgendwann sprudelt, wenn wir diese einfachen Schreibübungen durchführen, macht mich einfach nur glücklich.

Lass uns deshalb eine gute Basis schaffen und zuallererst mit den fünf größten Missverständnissen zum Thema Journaling aufräumen. Dabei kannst du gleich überprüfen, ob du die eine oder andere Aussage für wahr hältst und sie dich insgeheim vom Schreiben abhält.

Auch in meinem Kopf haben sich einige dieser Missverständnisse lange hartnäckig gehalten, doch nach über zehn Jahren Journaling weiß ich auch, dass wir diese Blockaden wandeln können.

DIE GRÖSSTEN MISSVERSTÄNDNISSE ÜBER JOURNALING

1. JOURNALING ERFORDERT VIEL ZEIT

Das ist einer der meistgenannten Einwände, wenn es ums Journaling geht. Menschen erzählen mir immer wieder, dass sie gerne Tagebuch schreiben möchten, jedoch keine Zeit dafür haben. Vielleicht liegt es an dem Bild, das vom traditionellen Tagebuchschreiben noch in unseren Köpfen steckt. Ein Bild von langen, ausführlichen Einträgen in Schönschrift. Das kann den Eindruck erwecken, dass Journaling zeitaufwendig ist und viel Mühe erfordert. Außerdem gibt es eine Vielzahl an Journaling-Methoden, wie z. B. das Bullet-Journaling, bei der man aufwendig jede Seite mit verschiedenen Stiften selbst gestaltet. Kein Wunder, dass Journaling dann komplex erscheint. In diesem Buch werde ich dir zeigen, dass nur fünf Minuten ausreichen. Denn fünf bis zehn Minuten hat jeder von uns. Auch wenn die Wahrheit unangenehm ist: Am Ende ist es eine Sache der Priorität.

Es ist nicht notwendig, stundenlang zu schreiben. Du kannst das Journaling an deine individuellen Bedürfnisse anpassen. Es kann so kurz oder so lang sein, wie du es brauchst. Auch kurze, regelmäßige Schreibsessions von fünf Minuten können sehr effektiv sein und positiven Einfluss haben. Ein simples Stück Papier und ein Stift reichen aus. Du brauchst weder ein besonders schönes Notizbuch noch einen edlen Füller. Wenn du das möchtest, ist es okay. Es hat allerdings keinerlei Auswirkungen auf das Ergebnis. Außerdem kannst du überall schreiben: im Bett nach dem Aufwachen oder kurz vor dem Einschlafen. In der Bahn. Im Café. In der Pause im Büro. Während einer Wartezeit im Auto.

2. DU MUSST EIN TALENT FÜRS SCHREIBEN HABEN

Beim Journaling geht es überhaupt nicht um die Qualität deiner Texte. Es geht nur um eine Sache: dass du schreibst. Nicht darum, wie etwas formuliert ist. Es geht auch nicht um Schönschrift. Oder korrekte Grammatik. Es gibt niemanden, für den du schreibst, außer für dich. Es kommt niemand um die Ecke, um zu bewerten, was du geschrieben hast. Deine Tagebuchtexte gehören allein dir. Journaling ist kein Schreibwettbewerb. Es geht darum, deine Gedanken und Gefühle festzuhalten, nicht darum, ein literarisches Meisterwerk zu schaffen. Deshalb brauchst du auch keine besonderen schriftstellerischen Fähigkeiten. Es geht darum, deine eigenen Gedanken und Gefühle aufzuschreiben, unzensiert, so wie sie sich im jeweiligen Moment zeigen. Jeder kann das. Und deshalb kann auch jeder Mensch von der Praxis des Journaling profitieren – völlig unabhängig vom schriftstellerischen Talent. Es wird sogar durch Studien belegt, dass das einfache Ausdrücken von Emotionen durch Schreiben Stress abbauen kann, ganz unabhängig von der Qualität des Textes.

3. JOURNALING IST NUR FÜR SCHWIERIGE SITUATIONEN UND LEBENSPHASEN

Viele tendieren dazu, eher dann zu schreiben, wenn es ihnen schlecht geht. Denn dann ist der Druck meistens groß. Das ist wahrscheinlich wie beim Beten. Viele Menschen beten vor allem in Notsituationen. Das ist gut und verständlich. Sobald es wieder besser geht, verliert das Journaling jedoch für viele ihren Reiz. Und das ist schade, denn das Schreiben bietet so viel mehr Potenzial. Es kann dein lebenslanger Begleiter sein und nicht nur ein Freund, den du nur dann anrufst, wenn es dir schlecht geht.

Journaling ist für jeden geeignet, unabhängig von emotionaler Intensität oder Lebenssituation. Es dient der Selbstreflexion, der Kreativität und dem persönlichen Wachstum. Es kann als Präventionswerkzeug dienen, um dein allgemeines Wohlbefinden zu fördern, weil es sich langfristig positiv auf Körper, Geist und Seele auswirkt.

4. JOURNALING MUSS PERFEKT SEIN

Als Perfektionistin hat diese Aussage bei mir am Anfang extrem gegriffen. Teilweise hätte ich am liebsten ganze Seiten aus meinem Tagebuch herausgerissen, um sie dann noch einmal schön zu schreiben. Davon höre ich auch in meinen Workshops. Mittlerweile kritzle ich, male, schreibe schön mit Füller, wenn mir danach ist, oder wild mit dem Kugelschreiber, sodass ich meine Schrift später selbst kaum noch lesen kann. Leider hält uns der Perfektionismus auch oft davon ab, überhaupt mit dem Schreiben anzufangen. Vielleicht kennst du das: Du möchtest dich hinsetzen, um zu schreiben. Du hast es dir ganz fest vorgenommen. Doch dann fallen dir plötzlich verschiedene Dinge auf – Gründe, weshalb du dich jetzt doch nicht hinsetzen kannst:

> ***„Ich muss dringend staubsaugen. So kann ich nicht entspannen.“***
>
> ***„Die Wäsche! Ich habe keine innere Ruhe, wenn ich die nicht zuerst erledige.“***
>
> ***„Ich steh lieber noch mal auf und hole den anderen Stift. Ich kann nur mit dem anderen Stift gut schreiben. Mist, wo ist er nur?“***

Dann stehst du auf und machst dich auf die Suche nach diesem Stift. Vielleicht gehst du in die Küche und öffnest die „böse“ Kruscht-Schublade. Beim Anblick der Unordnung ist es vorbei. Du musst jetzt dringend diese Unordnung beseitigen. Und das war es dann mit dem Schreiben. Unser Unterbewusstsein ist ganz schön schlau. Und du sagst dir: „Ach, dann schreibe ich halt morgen.“

Es gibt kein Richtig oder Falsch beim Journaling. Es ist ein persönlicher Ausdruck und keine schriftliche Prüfung. Erlaube dir, frei und ohne Druck zu schreiben. Akzeptiere deine Einträge so, wie sie sind, ohne sie zu beurteilen. Wir müssen beim Schreiben kein bestimmtes Ergebnis erzielen. Wir brauchen auch nicht die perfekten Bedingungen, um zu schreiben. Du musst nicht bei Kerzenschein in einem Sessel sitzen, der aussieht wie aus einer Einrichtungszeitschrift. Alles EGAL. Du kannst immer schreiben. Das ist eine Tatsache. Timer auf fünf Minuten und los geht‘s. Das kann man sogar trainieren.

5. JOURNALING HAT KEINE ECHTEN VORTEILE

Journaling ist mehr als ein nettes Hobby, bei dem wir bunte Aufkleber in unser Tagebuch kleben und tagträumen. Journaling ist richtig mutig, weil es tief geht. Weil wir dabei Verantwortung für uns selbst und unsere Gefühle übernehmen. Journaling ist ein Ort der Heilung, ein Kraftort, an dem wahre Wunder geschehen können.

Zahlreiche Studien haben gezeigt, dass Journaling viele positive Auswirkungen hat. Es reduziert Stress, fördert die Fähigkeit zur Selbstreflexion, steigert die Kreativität, fördert das Wohlbefinden und hilft dabei, Trauer zu verarbeiten. Es ist ein Werkzeug zur Selbstentwicklung und persönlichen Transformation.

Indem wir Klarheit in Bezug auf diese Missverständnisse über Journaling schaffen, können wir die wahren Möglichkeiten und Vorteile dieser Praxis erkennen. Lass dich nicht von falschen Vorstellungen abhalten, sondern öffne dich für die transformative Kraft des Journaling. Es ist eine zugängliche und bereichernde Praxis, die dir helfen kann, dein volles Potenzial zu entfalten und ein erfülltes und bewusstes Leben zu führen. Ich selbst bin der beste Beweis dafür, und ich weiß von vielen anderen Menschen, dass es ihnen genauso geholfen hat wie mir.

SCHREIBEN IST DER ERSTE SCHRITT

Die Disziplin, etwas aufzuschreiben,
ist der erste Schritt, um es zu verwirklichen.

Lee Iacocca

Lange habe ich die großen Meilensteine in meinem Leben als tatsächliche Wendepunkte betrachtet: der Tag, an dem ich den Mut gefasst habe, zu kündigen, die Teilnahme am Schreibseminar in Österreich, bei dem mir klar wurde, dass ich Schreiben zu meinem Beruf machen möchte, die Veröffentlichung meines ersten Buches. In Wahrheit finden die echten Wendepunkte jedoch schon lange vor diesen Ereignissen statt. Nämlich in dem Moment, in dem wir anfangen, anders zu denken oder anders zu handeln, als wir es bisher getan haben. Egal, was du gerne in deinem Leben verändern möchtest - ob du dich beruflich neu orientieren, gesünder leben, eine Beziehung beenden, neue Freundschaften schließen oder ein neues Hobby anfangen möchtest – alles beginnt mit der Entscheidung für eine Veränderung. Diese bewusste Entscheidung kann der Auslöser sein, der deinen Weg ebnet. Auch wenn es in meiner Geschichte so klingt, als hätte ich meinen Job von heute auf morgen gekündigt: So war es nicht. Es war ein Prozess, der sich über mehrere Monate hingezogen hatte. Nachdem mir klar wurde, dass ich in meinem Leben unbedingt etwas verändern möchte, war nicht die Kündigung der erste Schritt. Es war das Schreiben. Mein Weg hat ab dem Moment eine andere Richtung eingeschlagen, in dem ich den Stift in die Hand genommen und aufgeschrieben habe, wie ich mich fühle. In dem Moment, in dem ich ehrlich zur mir war. In dem Moment, in dem ich mir auf dem Papier eingestanden habe, wie schlecht es mir geht. Als ich mir zugestanden habe, dass ich mich verändern möchte, auch wenn ein Teil von mir gerne angepasst weitergelebt hätte. Der Moment, in dem ich diesen einen Satz auf ein Post-it geschrieben habe: Ich finde meine Berufung.

Dieser erste Schritt hat alles verändert und in die Wege geleitet. Das Ereignis vor der Kündigung.

Eine Entscheidung kann eine deutliche energetische Verschiebung bedeuten, da du deine innere Ausrichtung änderst. Und einen solchen Satz aufzuschreiben ist eine Entscheidung. Hast du gewusst, dass sich unser Unterbewusstsein neunzig Prozent dessen merkt, was wir aufschreiben? Das ist einer der Gründe, warum schreiben kraftvoller ist als denken. Durch das Aufschreiben schicken wir klare Signale an unser Unterbewusstsein. Das erhält dann Nachrichten wie: „Sie ist bereit. Kann losgehen. Dann machen wir uns mal an die Arbeit."

Jetzt ist der Raum frei für neue Fragen: Was sind die nächsten Schritte? Was kann ich tun, um diese Entscheidung in die Tat umzusetzen? Auch darüber kannst du schreiben. Wenn wir anfangen uns zu verhalten, wie nie zuvor, dann kann auch geschehen, was nie zuvor geschehen ist. Die Meilensteine kann man weder erzwingen noch eilig herbeiführen. Doch du kannst jederzeit – hier und jetzt – bewusst einen Wendepunkt einleiten, indem du über das schreibst, was dich gerade beschäftigt.

Wenn wir uns Veränderung wünschen, kann es sein, dass wir diese Tatsache übersehen. Wir glauben, dass wir schnell nach außen handeln müssen, um aus der Situation aussteigen zu können. Wir glauben, dass wir einen radikalen Wandel vollziehen müssen, anstatt in kleinen Schritten an die Sache heranzugehen. Oder wir haben so große Angst vor einer Veränderung, dass wir gar nichts tun, weil wir glauben, machtlos zu sein. Doch das sind wir nicht. Wir können etwas tun: schreiben.

Dafür habe ich am Anfang nicht einmal Tagebuch im eigentlichen Sinn geschrieben, sondern in den Pausen im Büro ein Word Dokument geöffnet. Es herrschte damals so viel Unruhe, Anspannung und Druck in mir, dass ich kleine Stoßgebete abgeschickt und sie aus lauter Verzweiflung zwischendurch einfach abgetippt habe. An den genauen Wortlaut erinnere ich mich nach fast zehn Jahren nicht mehr. Doch es klang in etwa so:

> ***Lieber Gott, ich fühle mich schrecklich. Ich habe Angst und ich bin so verzweifelt. Ich weiß nicht, was ich tun soll. Was soll ich tun? Bitte zeige es mir. Ich möchte hier raus. Ich ertrage diesen Job nicht mehr. Ich möchte etwas anderes machen. Wie kann ich das schaffen?***

Wenn du dir also Veränderung wünschst und die Sehnsucht spürst, deinem Herzensweg zu folgen, dann musst du nicht als erstes die Zeitung aufschlagen und die Stellenanzeigen durchforsten, obwohl du weißt, dass du dort sowieso nicht das findest, wonach du suchst. Du musst auch nicht schon heute deine Kündigung schreiben, obwohl es sich nicht richtig anfühlt. Du musst nicht von heute auf morgen dein ganzes Leben umkrempeln, obwohl du noch gar nicht bereit dafür bist. Mache den ersten Schritt auf dem Papier. Schreibe die Fragen, die du zu deinem Thema hast auf. Beschäftige dich mit ihnen. Ab diesem Zeitpunkt arbeitet das ganze Leben für dich und mit dir an deinen Antworten und Lösungen.

SCHREIBEN IST DIE KUNST, DIE RICHTIGEN FRAGEN ZU STELLEN

Der, die, das, wer, wie, was?
wieso, weshalb, warum?
Wer nicht fragt, bleibt dumm.
Tausend tolle Sachen,
die gibt es überall zu sehen.
Manchmal muss man fragen,
um sie zu verstehen.

Sesamstraße

Kennst du noch die Sesamstraße? Und dieses wunderbare Lied, in dem es heißt: „Wer nicht fragt, bleibt dumm“? Als Kind habe ich es geliebt, meinen Eltern alle möglichen Fragen zu stellen, und sehr wahrscheinlich habe ich sie damit das ein oder andere Mal in den Wahnsinn getrieben. Später habe ich meine Fragen dem Leben gestellt. Es scheint, dass mir Wissbegierde in die Wiege gelegt wurde und ich gar nicht damit aufhören möchte, herauszufinden, wie die Dinge funktionieren und warum. Wenn etwas scheinbar nicht geht, dann frage ich nach einer Lösung – mich selbst oder das Universum. Denn ja, es ist wahr: „Tausend tolle Sachen gibt es überall zu sehen“, doch manchmal „muss man fragen, um sie zu verstehen“. Nicht immer geht es beim Fragenstellen um „tolle Sachen“, die man verstehen möchte. Manchmal sind es auch schwierige Situationen, die uns belasten. Ich erinnere mich noch gut an einen Moment aus meiner Kindheit:

Meine kleinen Füße auf dem alten Dielenboden. Die Stille, die unser Haus umgab. Das Knarren der Zimmertür schien zu bestätigen, dass etwas nicht stimmte. Als ich dort im Flur stand, hing die Macht, die eine einzige Frage entfalten kann, über mir. Mein Herz klopfte mir bis zum Hals, mein Bauch krampfte sich zusammen und die Gedanken in meinem Kopf rasten. Dann nahm ich meinen ganzen Mut zusammen und fragte: „Mama, lasst ihr euch scheiden?"

Für mich war das damals eine der wichtigsten Fragen. Ich hatte schon lange gespürt, dass die Stimmung zwischen meinen Eltern angespannt war. Die Antwort auf meine Frage flößte mir unglaublich große Angst ein. Doch weißt du was? Manchmal ist die Ungewissheit schlimmer als die Wahrheit. Denn die Ungewissheit ist ein Energieräuber. Wir verbrauchen sehr viel Energie für Dinge, die unklar sind und uns deshalb ständig durch den Kopf gehen. Ich bin mir sicher, du kennst das. Doch warum stellen wir bestimmte Fragen dann nicht? Wenn es um Fragen an andere Menschen geht, dann vielleicht deshalb, weil wir Angst vor der Antwort haben. Wenn es um Fragen an das Leben geht, vielleicht, weil wir glauben, die (negative) Antwort sowieso schon zu kennen. Das, was wir glauben, spielt eine große Rolle. Sich zu trauen, Fragen zu stellen, bedeutet, sich für neue Möglichkeiten zu öffnen, sich weiterzuentwickeln. Vielleicht möchtest du (unbewusst) lieber bleiben, wo du bist. Vielleicht erscheint es dir unangenehm oder mühsam, Fragen zu stellen. Doch bestimmt sind da schon lange Fragen in dir, die nur darauf warten, beantwortet zu werden. Manchmal fürchten wir die Antworten, vielleicht weil wir ahnen, dass sie zu Erkenntnissen führen könnten, die unser aktuelles Weltbild infrage stellen. Antworten, die dazu führen, dass wir etwas nicht länger verdrängen können, sondern endlich ändern müssen. Ja, es kann unangenehm sein, sich selbst herausfordernde Fragen zu stellen. Weil es oft einfacher ist, in der Komfortzone zu bleiben und nicht nach den tieferen Wahrheiten zu suchen. Vor allem dann, wenn wir in einem Umfeld aufgewachsen sind, in dem es nicht gerade gefördert wurde, bestimmte Dinge infrage zu stellen oder zu hinterfragen. Es kann sein, dass ein Teil von uns deshalb darauf konditioniert ist, bestimmte Fragen zu vermeiden. Ich bin lange Zeit gar nicht auf die Idee gekommen, dass ich überhaupt eine andere Möglichkeit in Betracht ziehen könnte, als diesen Job zu machen. Das muss man sich mal vorstellen! Wenn ich über Veränderung nachdachte, dann immer über Möglichkeiten in einem begrenzten Rahmen. Genauso undenkbar war es, einen ganz anderen Weg einzuschlagen. Stattdessen suchte ich nach ähnlichen Stellenanzeigen in anderen Unternehmen. Und wenn ich nach Alternativen suchte, dann fühlte sich nichts davon passend an, weil ich nicht die richtige Ausbildung oder das geeignete Studium dafür hatte. Der Weg, den wir in der Gesellschaft irgendwie als „gut" und „normal" vorgelebt bekommen, war in mir so tief verankert, dass ich mir nicht einmal in meinen kühnsten Träumen hätte vorstellen können, dass ich eines Tages eine freischaffende Künstlerin sein könnte, eine Schriftstellerin. Und das, obwohl meine Mutter von Beruf selbstständige Töpferin war und mir vorgelebt hat, dass es möglich ist, als Frau und alleinerziehende Mutter von einem kreativen Beruf zu leben. Es brauchte richtig viel Lärm in mir, um das zu erkennen. Ein Grund, warum ich es nicht sah, war auch, dass ich mir selbst nicht genug vertraut habe. Manchmal trauen wir uns selbst nicht genug, um die tiefen Fragen des Lebens zu erkunden. Tiefe oder schwierige Fragen zu stellen, kann zu einem Gefühl der Überwältigung führen, besonders wenn es (noch) keine klaren Antworten gibt. Manchmal ist es nicht so sehr die Angst vor den Antworten, sondern eher das Gefühl der Unsicherheit darüber, welche Fragen wir uns überhaupt stellen sollen. Deshalb erfordern Fragen manchmal großen Mut. Doch Antworten zu erhalten, kann eine große Erleichterung sein. Denn Antworten verschaffen uns Gewissheit: das Wissen um eine Situation.

> ***Schreiben bezeichne ich deshalb als die Kunst, sich die richtigen Fragen zu stellen. Und den Mut, sie schriftlich zu beantworten.***

In jeder Frage liegt die Möglichkeit der Heilung, des Wachstums und der Transformation. Deshalb sind Schreibimpulse in Form von Fragen so wertvoll. Sie werden uns das ganze Buch über begleiten. Du kannst dir sicher sein, dass dir das Leben auf vielfältige Weise antwortet. Wir können üben, diese Antworten wieder wahrzunehmen und zu verstehen. Es geht nicht nur darum, Antworten zu suchen, sondern auch darum, sich mit den Emotionen und Erkenntnissen auseinanderzusetzen, die damit zusammenhängen. Wenn wir uns trauen, Fragen zu stellen, dann brechen wir das Schweigen und eröffnen ein Gespräch. Mein Onkel Robert hat auf gut Schwäbisch immer zu mir gesagt: „Man muss einfach miteinander schwätzen." Wenn etwas im Argen liegt, wenn uns etwas bedrückt, wenn wir etwas auf dem Herzen haben, uns etwas schwer auf unserer Seele lastet - wenn es innerhalb der Familie oder im Freundeskreis Konflikte gibt, dann ist der direkteste und beste Weg, offen miteinander zu sprechen. Ich weiß, das ist nicht immer leicht, manchmal vielleicht sogar unmöglich, doch wann immer es möglich ist, sollten wir die Gelegenheit ergreifen, es zu tun. Man muss einfach miteinander reden, war also eine Art Leitsatz, der in meiner Familie immer wichtig war. Meine Mama und ich haben über sehr viele Dinge gesprochen. Aber ich weiß, dass in vielen Familien oder Beziehungen nicht gesprochen wird über das, was den anderen tief bewegt. Gefühle und Bedürfnisse werden unterdrückt und unter den Teppich gekehrt. Vielen Menschen fällt es schwer, offen und ehrlich über das zu sprechen, was sie bewegt. Doch ist es nicht so, dass wir einen Menschen erst dann wirklich kennenlernen, wenn wir erfahren, was in seinem Innersten vor sich geht? Was er fühlt? Was er wahrnimmt? Wovor er Angst hat oder wofür er leidenschaftlich brennt? Welche Träume er im Leben vielleicht verfolgt? Das gleiche lässt sich auf uns selbst übertragen. Um uns gut kennenzulernen, müssen wir uns Zeit nehmen, mit uns ein Gespräch führen, uns zuhören, Fragen stellen. Genau das machen wir beim Journaling. Wir sprechen mit uns selbst. Über Konflikte in uns, über Wünsche und Träume, über das, was uns tief bewegt. Wir stellen uns Fragen. Das Ziel dabei ist nicht unbedingt, dass wir sofort eine (endgültige) Antwort auf die Frage finden. Es ist der Prozess des Nachdenkens und Reflektierens, den die Frage auslöst, der so wertvoll ist. Denn die Kraft der Fragen liegt in ihrer Fähigkeit, unser Denken, unsere Wahrnehmung und letztlich unsere Handlungen zu verändern. Betrachte die Fragen einmal wie Werkzeuge, die uns dazu anregen, tiefer zu graben, Herausforderungen aus verschiedenen Blickwinkeln zu betrachten und dich auf unentdeckte Pfade zu begeben. Pfade, die dir dabei helfen zu durchschauen, welche Muster und tiefen Überzeugungen in dir sind, die dich daran hindern, ein Leben zu führen, das du aus tiefstem Herzen liebst. Ein Leben, in dem du mit dir im Reinen bist. In dem du für dich einstehst und gesunde Grenzen ziehst. Tief in uns spüren und wissen wir, dass plötzlich alles anders sein kann, wenn wir eine Frage in den Raum gestellt haben.

„Fragen zu stellen ist der erste Schritt,
um Veränderungen zu beginnen.“

Kubra Sait

Die Antwort auf eine einzige Frage hat die Macht, unser Leben von Grund auf zu verändern. Fragen können uns verbinden, nicht nur mit anderen, sondern auch mit uns selbst. Sie öffnen Türen zu Anteilen in uns, von denen wir nicht einmal wussten, dass sie existieren. Und auch, wenn wir manchmal Angst vor den Antworten haben, ist es das Fragen selbst, das uns weiterbringt und uns hilft zu wachsen. Die Frage, mit der du dich in den fünf Minuten deiner Schreibzeit beschäftigst, lebt weiter in dir, du nimmst sie mit den Tag. Oberflächlich betrachtet, scheint nach dem Schreiben nichts weiter zu passieren, doch das ist ein Trugschluss. Dein Unterbewusstsein hat Futter bekommen. Du hast etwas in dir angestoßen, dass tief in dir weiterarbeitet. Am nächsten Tag setzt du dich wieder hin und schreibst erneut. Stelle dir die fünf Minuten Schreiben vor wie einen kleinen Stein, den du in einen ruhigen See wirfst. Du siehst, wie er Kreise zieht. Dann sinkt der Stein und ist weg. Ist er das? Nein, er liegt auf dem Grund des Sees und hat ihn für immer verändert. Hältst du den Stift regelmäßig in Bewegung, zieht das in deinem Leben weite Kreise. Dort, wo der Stein die Wasseroberfläche berührt hat, entsteht neuer Raum, das Wasser muss weichen, Platz machen. Die Teilchen, aus denen das Wasser besteht, geraten in Bewegung und es entsteht eine Welle nach der anderen, bis sich die Wasseroberfläche irgendwann wieder beruhigt und glatt da liegt wie ein Spiegel. Ich stelle mir gerne vor, dass das regelmäßige Schreiben mein „Lebenswasser" in Bewegung hält. Wenn ich bestimmte Fragen stelle, kann ich tief verwurzelte Überzeugungen, Werte und Emotionen aufdecken, die mir sonst verborgen geblieben wären. Diese Art des Schreibens kann dir helfen, zu entdecken und zu verstehen, was du wirklich über eine bestimmte Sache denkst, glaubst oder fühlst. Oft bewegen wir uns im Leben vorwärts, ohne genau zu wissen, warum wir tun, was wir tun oder was wir wirklich wollen. Fragen zwingen uns, innezuhalten und über das Hier und Jetzt nachzudenken.

Dadurch nehmen wir den aktuellen Moment bewusster wahr, werden aufmerksam für die Dinge, die in uns und unserem Leben geschehen. Das ist wichtig, denn wir können ja erst etwas verändern, wenn wir uns dessen überhaupt bewusst sind.

Fragen helfen uns auch, in Kontakt mit tieferen Emotionen zu kommen, die wir vielleicht verdrängt oder ignoriert haben. Dadurch übernehmen wir Verantwortung für unsere Gefühle. Wir können aufhören, äußeren Umständen oder anderen die Schuld zu geben, wenn es etwas nicht so läuft, wie wir es uns vorgestellt haben. Wir erkennen, dass wir die Macht haben, unser Leben zu gestalten. Denn eine Frage zwingt dein Gehirn, über den Status quo hinauszudenken und alternative Szenarien oder Lösungen in Betracht zu ziehen.

Was sind richtige Fragen?

„Es gibt keine dummen Fragen, nur dumme Antworten." Sicher kennst du diese Redewendung. Ich glaube aber schon, dass es dumme Fragen gibt. Zumindest in der Hinsicht, dass sie uns nicht weiterbringen, sondern eher gefangen halten. Ich nenne sie Opferfragen. Auch ich habe sie mir viel zu oft gestellt. Opferfragen lähmen uns. Wenn wir uns diese Fragen immer und immer wieder stellen, halten wir uns klein und baden im Selbstmitleid.

Klassische Opferfragen sind z. B.

- ***Warum passiert das immer nur mir?***

- ***Warum schon wieder ich?***

- ***Warum hat er/sie das getan?***

- ***Warum kann ich nichts richtig machen?***

- ***Warum bin ich so unglücklich?***

- ***Warum kann ich nicht so sein wie [Person X]?***

Diese Fragen sind in der Regel nicht produktiv. Sie fokussieren sich auf das Problem statt auf die Lösung. Sie lenken unsere Energie auf Umstände, die wir nicht kontrollieren können, obwohl wir die Macht zur Veränderung besitzen. Auf diese Fragen gibt man sich meistens Antworten, in denen ein großer Widerstand erkennbar ist. So geraten wir schnurstracks in einen negativen Dialog, der sich gegen uns und andere richtet.

Ich will das nicht. Das ist fies. Das ist ungerecht.

Bei den anderen läuft die Kacke immer bergauf.

XY hat einfach immer mehr Glück als ich.

Opferfragen erkennst du daran, dass sie meistens mit Warum beginnen. Und welche Antwort soll es darauf geben, außer dass wir uns auf irgendeine Weise bestraft, benachteiligt oder eben als Opfer fühlen? Diese Fragen zeigen, was ich aktuell über mich glaube: dass ich vom Leben ungerecht behandelt werde. Wenn ich diese Energie ausstrahle, wird mir das Leben auch sicher immer wieder bestätigen, dass ich recht damit habe.

Versteh mich nicht falsch. Es kann ab und an sehr wichtig sein, sich auch die Fragen nach dem Warum zu stellen, um zu verstehen, wieso sich bestimmte Situation wie Muster in unserem Leben wiederholen. Das ergibt jedoch nur dann Sinn, wenn du sie als Ausgangspunkt für eine tiefere Reflexion verwendest und nicht als Endpunkt. „Warum passiert mir das schon wieder?" kann ich mich auf zweierlei Arten fragen. Und es ist ein großer

Unterschied, ob ich damit herausfinden will, was ich sehen und erkennen darf, um etwas zu verändern, oder ob ich eine Warum-Frage stelle, von der ich weiß, dass es keine Antwort darauf gibt, und sie mir trotzdem immer wieder stelle, weil es bequemer ist und ich mich dadurch nicht verändern muss.

„Das Unglück ist dafür da, uns geschickter zu machen."

Gustave Flaubert

Als meine Mutter an Krebs erkrankte, ist mir diese Lektion zum ersten Mal so richtig bewusst geworden. Es war die schwerste Zeit meines Lebens. Nicht nur, dass der wichtigste Mensch in meinen Leben gestorben ist – ich hatte auch kaum Zeit, richtig zu trauern, weil sich noch am Krankenbett in meiner Familie ein schlimmer Rechtsstreit entwickelt hat, der sich über drei lange Jahre hinziehen sollte. Dazu kamen mein Vollzeitjob und ein Fernstudium. Ich war am Ende meiner Kräfte. Und ich hatte unendlich viele Möglichkeiten, mich in Fragen nach dem Warum zu vergraben:

Warum musste ausgerechnet meine Mutter sterben?

Warum musste ausgerechnet sie so lange leiden?

Warum muss ausgerechnet ich so leiden?

Warum muss mir dieser Rechtsstreit passieren?

Warum? Warum? Warum?

Es war schlimm. Doch meistens gibt es auf die Warum-Frage keine eindeutige Antwort. Wir können uns bewusst dafür entscheiden, über sie hinauszugehen und genau das habe ich damals auch getan. Ich habe mich entschieden, daran zu glauben, dass mich diese Situation etwas lehren möchte und stärker macht. Dass ich die Kraft habe, die Energie der Trauer in Stärke zu verwandeln. Heute schreibe ich meine Bücher auf der Grundlage meiner eigenen Geschichte. Der Tod meiner Mutter war ein Wendepunkt in meinem Leben. Es war der Punkt, ab dem ich begann zu leben. Ihr Verlust war nicht sinnlos. Welche Lektion es für meine Mutter in diesem Leben zu lernen gab, kann ich nicht beurteilen. Für uns ist der Tod ein trauriges Ende. Ein Ende, das wir auch betrauern dürfen und müssen. Für unsere Verstorbenen ist er vielleicht der Anfang von etwas Neuem. Das ist meine persönliche Sicht auf das Leben und den Tod. Es muss nicht deine sein. Ich möchte dir nur davon erzählen, woran ich zutiefst glaube. Nicht als Flucht aus einer Realität, die schmerzt, sondern weil ich es als Wahrheit in meinem Herzen fühle. Weil ich für mich weiß, ich lebe nicht zum ersten Mal. Und weil ich glaube, dass wir hier in dieses Leben kommen, um bestimmte Erfahrungen zu machen. Doch wir können diese Erfahrungen nicht allein machen. Es werden immer auch die Erfahrungen anderer Menschen dafür nötig sein. Wenn wir uns bestimmte Fragen stellen, kann uns das helfen, anders auf eine Herausforderung zu schauen, die uns begegnet. Allein in dem Moment, in dem du dir also bewusst machst, dass du dir gerade Opferfragen stellst, und entscheidest, mit diesen Fragen aufzuhören, hast du schon einen gewaltigen Schritt unternommen. Das heißt nicht, dass es nicht mehr wehtut. Der Unterschied ist, dass es uns hinausführt aus dem Schmerz. Wenn du dich das nächste Mal dabei beobachtest, dass du dich durch Opferfragen im Kreis drehst, sage innerlich STOP. Denn das Spiel ist eigentlich ganz leicht:

Änderst du die Frage, erhältst du vom Leben auch eine andere Antwort.

Stelle ab jetzt Motivationsfragen. Wir können sie auch Fragen der Selbstermächtigung nennen, Fragen der inneren Weisheit, Fragen der Eigenverantwortung oder Reflexionsfragen für persönliches Wachstum.

Motivationsfragen klingen so:

- ***Was kann ich aus dieser Situation lernen?***
- ***Wie kann ich das ändern?***
- ***Was sind meine nächsten Schritte?***
- ***Was kann ich tun, um glücklicher zu sein?***
- ***Was sind die positiven Aspekte dieser Situation, die ich bisher übersehen habe?***
- ***Wie kann ich aufblühen?***
- ***Wie kann ich mein volles Potenzial entfalten?***

Fragen der Selbstermächtigung lenken unsere Aufmerksamkeit darauf, Lösungen zu finden und Verantwortung für unsere eigenen Gefühle und Handlungen zu übernehmen. Wie der Name schon sagt: Sie geben uns Macht. Macht über unsere Umstände, über unsere Emotionen, über unser Leben. Betrachte sie als Schlüsselwerkzeuge, egal für welches Lebensthema.

DAS GÖTTLICHE ZU UNS EINLADEN

Eine der besten Hilfen zur Freiheit ist,
Gott um viel Hilfe zu bitten - und zwar oft.

Joyce Meyer

Es gibt noch einen weiteren Aspekt rund um das Fragenstellen, den ich ansprechen möchte. Hinter jeder Frage, die wir stellen, steckt eine Intention. Egal ob es der Wunsch nach Heilung, Verständnis, Liebe oder Frieden ist – die Intention gibt unserer Frage Richtung und Energie. Und das Universum, in seiner unendlichen Weisheit, reagiert auf diese Energie. Wenn wir also Fragen in unser Tagebuch schreiben, dann tun wir viel mehr, als nur Worte auf ein Blatt zu bringen. Das physische Aufschreiben einer Frage ist mehr als nur eine Bewegung der Hand. Es ist eine zielgerichtete Handlung, ein Ausdruck unseres innersten Wunsches, zu verstehen, zu lernen, zu wachsen. Dadurch senden wir eine Botschaft in den Äther, in das unendliche, freie Feld aller Möglichkeiten, wo jedes Potenzial vorhanden ist. Eine andere Dimension, ein Raum, in dem Zeit keine Bedeutung hat und in dem alle Antworten existieren. Wenn wir unsere Fragen an das Tagebuch übergeben, senden wir eine Absicht aus. Die Absicht, eine Antwort zu finden. Eine Lösung. Wir signalisieren und manifestieren, dass wir bereit sind für eine Veränderung.

Stell dir vor, die Frage, die du aufschreibst, ist wie eine Brücke zwischen dir und dem Göttlichen. Wie eine Art Lichtstrahl, die du ins Universum schickst. Dieses Licht sucht nach Antworten und Wahrheiten, die auf vielfältige Art und Weise zu dir zurückkehren können. Oft flüstert das Universum uns die Antworten zu - in Momenten, in denen wir es am wenigsten erwarten. Manchmal in Form einer plötzlichen Einsicht, eines Traums oder einer Begegnung. Vielleicht in Form eines Liedes, dessen Refrain uns in einem Moment besonders auffällt. Manchmal ist es vielleicht ein Satz auf einem Werbeplakat am Straßenrand. Oder ein Buch, das uns in der Buchhandlung begegnet.

Wenn wir dem Journal Fragen stellen, erhalten wir Antworten. Wir müssen nur aufmerksam sein und sie wahrnehmen. Antworten kommen nicht immer in der Form oder zu dem Zeitpunkt, den wir erwarten. Ich beobachte schon seit Jahren, dass ich nach dem Schreiben meistens in ganz unerwarteten Momenten, in denen mein Verstand entspannt, Einsichten und Hinweise erhalte. Zum Beispiel beim Geschirrspülen, beim Autofahren oder beim Duschen. In diesen Momenten ist unser Gehirn zwar beschäftigt, aber nicht so angestrengt und somit empfänglicher. Als ich damals angefangen habe, meine Fragen und Gebete in das Word-Dokument zu tippen, war ich ungeduldig. Als ich meinen Wunsch „Ich finde meine Berufung" auf dieses gelbe Post-it geschrieben habe, war die erste Antwort, die ich erhielt, meine Beförderung, statt ein Wunder, das mich aus meinem damaligen Job hinausbeförderte. Ich sage das mit einem Augenzwinkern, denn wenn wir ehrlich sind, verstehen wir unter einem Wunder oft eine Abkürzung, eine Erlösung durch besondere Umstände, durch die wir ganz leicht, fast wie von Zauberhand aus einer unangenehmen Situation befreit werden. Doch das wäre ja zu leicht, oder? Wie sollen wir lernen, auf unsere Intuition zu hören, wenn uns jedes Mal die Entscheidung abgenommen wird? Wie sollen wir wachsen, wenn jede Herausforderung mit einem Fingerschnipp verschwindet? Manchmal geht es ja genau darum: Dass wir auf unser Herz hören und eigenmächtig eine Entscheidung treffen, im Vertrauen darauf, dass wir es können, dass wir die Kraft haben, dass wir unseren Weg gehen werden. Das sind die Momente, die uns stärker machen. Das Schreiben kann dir helfen, durch diese schwierigen Situationen hindurchzugehen.

Manchmal glauben wir, dass wir mit unseren Fragen allein sind und keine Antworten bekommen. Oft erkennen wir erst im Nachhinein, welcher Segen in dem lag, was uns das Leben zunächst angeboten hat. Meine Beförderung und die Zeit, die ich noch in meinem alten Job verbringen durfte, waren letztendlich ein bedeutsamer Teil meiner Reise. Das habe ich allerdings erst später erkannt. Heute nehme ich solche Ereignisse durch das regelmäßige Schreiben und die Erfahrungen, die ich damit gemacht habe, anders wahr. Diese Wahrnehmung kann man üben und irgendwann wirst du feststellen, dass das Leben die ganze Zeit ununterbrochen mit dir kommuniziert. Deshalb ist das Schreiben für mich nicht nur ein Akt des Fragens und der Selbstreflexion:

> ***Es ist ein heiliger Akt, eine Einladung an das Göttliche, in unser Leben einzutreten und uns auf unserem Weg zu führen.***

Indem wir mutig und neugierig Fragen stellen und auf Antworten lauschen, nähern wir uns nicht nur unserer eigenen Wahrheit, sondern auch dem Göttlichen in uns und um uns herum. Wir alle tragen den Funken Gottes in uns. Und wenn wir Fragen stellen, besonders mit der tiefen Absicht zu verstehen oder zu heilen, rufen wir dieses göttliche Element in uns an. Ich bezeichne das Journaling deshalb auch gerne als eine Art Gebet. Das Leben kann manchmal wie ein Labyrinth erscheinen, in dem wir uns verloren fühlen, unsicher, welchen Weg wir einschlagen sollen. In Momenten, in denen du dich unsicher fühlst, verwirrt oder durcheinander, hast du ab jetzt ein mächtiges Werkzeug zur Hand: die Kunst des Fragens. Nicht uns selbst, sondern eine höhere Macht, die Quelle, Gott, Spirit, deine Engel ... wie auch immer du es für dich nennen möchtest.

Wenn wir dem Tagebuch Fragen stellen, stimmen wir uns auf eine Art kosmische Resonanz ein. Unser Tagebuch kann als heiliges Gefäß betrachtet werden, in dem ein ständiger Dialog zwischen uns und dem Göttlichen stattfindet. Mit jeder Frage, die wir stellen, und jeder Antwort, die wir erhalten, verstärkt sich diese Verbindung. Es wird zu einem Tanz aus Geben und Nehmen, zu einem endlosen Gespräch zwischen deinem Selbst und dem Kosmos.

In vielerlei Hinsicht reflektiert das Universum das, was in unserem Inneren vorgeht. Wenn wir mutige Fragen stellen, wenn wir uns unseren Ängsten, Hoffnungen und Träumen stellen, beginnt das Universum, uns eine klarere Reflexion von uns selbst zu zeigen. Es wird zu einem Spiegel, in dem wir nicht nur unser physisches Selbst, sondern auch unsere unendliche, göttliche Natur erkennen können.

Wenn du möchtest, kannst du deine fünf Minuten Schreibzeit also auch als eine Art heiliges Ritual betrachten. Ein Ritual, das dich der unendlichen Weisheit des Universums näherbringt.

SCHREIBEN HEISST, DEINE IDENTITÄT ZU ERFORSCHEN

Leben Sie jetzt die Fragen.
Vielleicht leben Sie dann allmählich,
ohne es zu merken, eines fernen Tages
in die Antwort hinein.

Rainer Maria Rilke

Kühle Septemberluft dringt durch das gekippte Fenster in mein Schlafzimmer. Über dem kleinen Bach, der unten am Haus vorbeirauscht, hängt tiefer Dunst. Ich kann sie riechen, die Zeit, in der die Natur beginnt, sich zurückzuziehen. Der Herbst ist gekommen. Die letzte Ernte wird eingefahren. Bäume werfen ihre Blätter ab und befreien sich von dem, was sie nicht mehr brauchen. Tiere sammeln Vorräte und bereiten sich auf den Winter vor. Sechs Wochen nachdem ich meinen Aufhebungsvertrag unterschrieben habe, sitze ich mit einem Kaffee im Bett und realisiere: Ich muss heute nirgends hingehen. Ich habe diese eine Bürotür für immer hinter mir geschlossen. Ich habe keine Termine, keine Arbeit. Ich stehe an einem Scheideweg und hoffe, dass große Veränderungen – so beängstigend sie auch sein mögen – auch große Möglichkeiten mit sich bringen. Niemand auf dieser Welt möchte irgendwas von mir – außer ich selbst. So wie die Natur im Herbst ziehe auch ich mich zurück und lasse etwas los: meinen Job, eine Lebensphase, meine Identität.

Die Natur durchschreitet Zyklen, die alle tief mit unseren menschlichen Erfahrungen verwoben sind. Wenn wir regelmäßig schreiben, beginnen wir, diese Zyklen und den Rhythmus unseres Lebens bewusst wahrzunehmen.

Ich sitze also mit meinem Kaffee und meinem Tagebuch im Bett und fange an zu schreiben. Was ich zu diesem Zeitpunkt noch gar nicht richtig greifen konnte, war die Tatsache, dass ich nicht einfach nur einen Job gekündigt hatte, sondern dass ich dabei war, mir eine völlig neue Identität zu erschaffen. Zum ersten Mal in meinem Leben habe ich mich intensiv und bewusst damit beschäftigt, wer ich bin und wer ich eigentlich sein will. Denn alles, womit ich mich bisher identifiziert hatte, war nicht mehr gültig. Scheinbar weggefegt, von einem Tag auf den anderen. Aber das neue Leben war noch nicht greifbar. Ich schwebte irgendwo im Nirgendwo und stellte mir drei große, existenzielle Fragen:

- ***Wer bin ich?***
- ***Was will ich wirklich?***
- ***Wofür bin ich hier?***

In meinen Journaling-Workshops besteht die erste Übung darin, sich genau diese drei Fragen zu beantworten. Schriftlich und in fünf Minuten. Welche Frage dabei mehr Aufmerksamkeit bekommt oder ob alle gleichermaßen ausführlich beantwortet werden, spielt keine Rolle. Die Teilnehmerinnen schreiben einfach darauf los. Fünf Minuten scheinen nicht genug Zeit zu sein. Doch genau in der Kürze liegt das Geheimnis. Du weißt ja schon: Wenn wir zügig schreiben, ohne den Stift abzusetzen, umgehen wir unseren Verstand, unseren inneren Kritiker und lassen stattdessen unser Herz zu Wort kommen. Das Geschenk sind meistens überraschende und tiefgreifende Erkenntnisse.

Lass uns diese drei Fragen einmal genauer betrachten.

WER BIN ICH?

Auf die Frage „wer" antworten, heißt (...),
die Geschichte eines Lebens erzählen.

Paul Ricœur

Jeden Tag wachen wir auf und haben unzählige Gedanken im Kopf. Hast du diese Gedanken schon einmal bewusst beobachtet? Was sagst du dir jeden Tag (mehrmals)? Als ich mich damals tagein tagaus bleischwer ins Büro geschleppt habe, hatte ich auf dem Weg dorthin viele verschiedene Überzeugungen im Kopf. Das fing direkt nach dem Aufstehen an und hörte erst abends nach dem Einschlafen auf:

> ***„Mit dreißig kann ich nicht noch einmal komplett von vorne anfangen. Dann wäre alles, was ich die letzten Jahre gemacht habe, umsonst gewesen."***
>
> ***„Ich kann nichts."***
>
> ***„Ich weiß nicht, wo ich sonst hinsoll."***
>
> ***„Die anderen werden mich für verrückt erklären."***
>
> ***„Mein Chef wird unglaublich wütend auf mich sein."***

Weißt du, was das ist? Das ist eine Geschichte. Eine Geschichte, die ich mir immer und immer wieder erzählt habe. Wie eine Art Mantra gingen diese Gedanken durch meinen Kopf – jeden Tag. Warum spielt das eine so große Rolle? Weil diese Geschichte eine Art „mentales Drehbuch" für unser Leben ist. Diese Geschichte beeinflusst, wie wir uns selbst sehen, wie wir uns in der Welt bewegen und auch, wie wir auf Herausforderungen reagieren. Mein Beispiel ist nur ein kleiner Ausschnitt aus meinen damaligen Gedanken. Es gab noch viele andere. Worum es mir geht: Es ist unglaublich wichtig, dir bewusst zu werden, welche Geschichte du dir über dich selbst erzählst. Denn nur dann kannst du auch anfangen, sie zu verändern.

Hinter der Frage „Wer bin ich?“ steckt die Frage nach unserer Lebensgeschichte. Nach unserer Vergangenheit, unseren Erfahrungen und Erinnerungen. All das prägt, was wir glauben - über uns, die Welt und unsere Möglichkeiten. Es ist die große Frage nach unserer Identität. Ein Rätsel, das viele von uns ein Leben lang zu lösen versuchen. Vielleicht erscheint uns das oft unmöglich, weil wir nach einer einzigen, endgültigen und richtigen Antwort suchen. Das würde bedeuten, dass wir uns festlegen und vielleicht sogar immer bei dieser Entscheidung bleiben müssen. Doch unsere Identität ist keine unveränderliche Form, sondern ein lebendiges Mosaik, das sich aus unterschiedlichen Steinen zusammensetzt. Genauer gesagt aus fünf Säulen, die alle, ständigen Veränderungen unterworfen sind - wie das Leben selbst. Als ich vor einigen Jahren an einem Seminar für Poesietherapie teilgenommen habe, bin ich zum ersten Mal mit der Arbeit von Hilarion Petzold in Berührung gekommen, ein bekannter deutscher Psychotherapeut, der vor allem für seine Beiträge zur Integrativen Therapie und zur Poesietherapie bekannt ist. Um eine ganzheitliche Behandlung zu ermöglichen, betont er dabei die Einbeziehung des Körpers, der Emotionen, der sozialen Umwelt und auch der Spiritualität. In der Poesietherapie nutzt man gestaltete Texte, also Dichtung, Literatur und andere schriftliche Ausdrucksformen als Mittel zur Selbsterkundung, Kommunikation und Heilung. Von Petzold stammt auch das Modell der „Fünf Säulen der Identität“. Dieses psychologische Modell kann uns dabei helfen zu verstehen, wie sich unsere Identität zusammensetzt. Als ich mir diese fünf Säulen angeschaut habe, wurde mir Jahre später erst klar, warum meine Welt damals so aus den Fugen geraten war, denn beinahe jede der fünf Säulen war zu dieser Zeit bei mir im Wandel. Tief im Prozess ist uns das jedoch oft nicht bewusst.

Es sind folgende fünf Bereiche, die für Petzold unsere Persönlichkeit ausmachen:

1. Leiblichkeit
2. Soziales Netzwerk
3. Werte, Ideale, Sinn, Spiritualität
4. Arbeit, Kompetenz, Leistung
5. Materielle Sicherheit

Hilarion Petzold selbst sagt in seinem Werk „Identität", dass man auf der Reise der Selbstfindung gar nicht zu der eindeutigen und „festen" Identität kommt, die man sich erhofft, sondern dass die Festigkeit und Stabilität unserer Identität paradoxerweise darin zu liegen scheint, dass man sich selbst als genau das Gegenteil erfährt: fließend, komplex und unbekannt. Wenn wir uns also selbst entdecken möchten, geht es darum, dass wir uns mit dem Unbekannten vertraut machen und so dem „fortwährenden Strom des inneren und äußeren Lebens immer weniger Widerstand entgegensetzen"[2]. Anders ausgedrückt: Wenn wir uns darauf einlassen, uns selbst kennenzulernen, offen sind für das, was sich zeigt, und den Mut haben, flexibel zu bleiben, dann können wir mit dem Fluss des Lebens gehen, statt uns ständig dagegen zu wehren.

Rückblickend erkenne ich, warum ich mich so schwergetan habe und warum es vielleicht länger dauerte als ich erwartet hatte, bis ich nach meiner Kündigung herausgefunden habe, dass ich Schriftstellerin werden möchte. Ich hatte so viele Glaubenskonzepte und Überzeugungen, wie und was ich bin, in meinem Kopf.

Ein Zitat von C.G. Jung drückt noch einmal anders aus, worum es Petzold geht:

„Die Wirkung, auf die ich hinziele, ist die Hervorbringung eines seelischen Zustandes, in dem mein Patient anfängt, mit seinem Wesen zu experimentieren, wo nichts mehr für immer gegeben und hoffnungslos versteinert ist, eines Zustandes der Flüssigkeit, der Veränderung und des Werdens" [3]

Ich habe mir überhaupt nicht erlaubt zu experimentieren. Denn ich dachte, dass das, wofür ich mich nun noch mal aufs Neue entscheiden werde, das Richtige sein muss. Dementsprechend viel stand für mich auf dem Spiel. Am Ende hat mich diese Überzeugung jedoch nicht schneller auf den Weg gebracht, sondern im Gegenteil einen großen Widerstand erzeugt, der mich auf eine Art sogar am Weitergehen gehindert hat.

Dabei kann es sehr viel einfacher gehen. Wir können damit beginnen, dem zu folgen, was uns wirklich Freude bereitet. Wenn wir das tun, dann ebnen sich neue Wege. Ich weiß, dass das viel zu einfach klingt. Doch letztendlich war es genau das, was passiert ist, als ich mich für das Schreibseminar in Österreich angemeldet habe.

Wenn wir die Perspektive wechseln, dann ist klar, dass sich die Säulen im Laufe unseres Lebens immer wieder verändern. Eine Arbeit macht uns keinen Spaß mehr, weil sich unser Wesen über die Jahre gewandelt hat, weil wir dazu lernen und wachsen. Freundschaften enden, weil sich Menschen in unterschiedliche

Richtungen entwickeln. Unsere finanzielle Situation ändert sich, weil wir vielleicht eine Immobilie gekauft oder Kinder bekommen haben. Es werden immer alle Säulen in Bewegung sein, deshalb darf auch unsere Identität beweglich sein. Wer sagt, dass man ab dreißig oder vierzig auf eine Sache festgelegt sein muss? Meine Interessen werden sich im Laufe meines Lebens verändern, und ich empfinde es als Befreiung, dass ich mich nicht hier und jetzt einmal festlegen muss. Vielleicht werde ich nicht bis ans Ende meiner Tage Bücher schreiben wollen. Ich weiß es nicht. Was ich weiß ist, dass ich meine Bedürfnisse und meine Leidenschaft für Worte kenne, von der ich glaube, dass sie immer ein Teil von mir sein wird. In welcher Form ich damit arbeiten werde, lasse ich mir heute offen. Das nimmt den Druck raus und auch den Widerstand.

Der Physiker und Philosoph Heinz von Foerster hat einem seiner Bücher den Titel „Wahrheit ist die Erfindung eines Lügners“ gegeben. Was wäre, wenn wir uns einfach davon befreien, eine absolute Wahrheit über uns selbst finden zu müssen? Eine einzige Antwort auf die Frage: Wer bin ich?

Wie fühlt es sich an, wenn wir stattdessen unser Wesen entdecken und danach streben, was sich als relative Wahrheit im Moment gut und richtig für uns anfühlt? Oder ins C.G. Jungs Worten ausgedrückt: „Das Beste, was wir hervorbringen können, ist wahrer Ausdruck.“[4]

Wie sich unser Herz am liebsten ausdrücken möchte, sodass es sich „wahr“ und richtig anfühlt, kannst du durch das Schreiben entdecken. Journaling ist im Prinzip nichts anderes als eine Form des Geschichtenerzählens. Es hilft dir, deine Lebensgeschichte zu erforschen und herauszufinden, welche Geschichten du dir bisher erzählt hast und welche du dir ab jetzt erzählen möchtest.

Wenn du mit deiner Reise beginnst, dann behalte das im Hinterkopf. Es geht nicht darum, eine endgültige Wahrheit über dich zu finden. Du musst dich auch nicht komplett neu erfinden. Ist das nicht befreiend? Du hast alles schon in dir und lässt ab jetzt einfach zu, dass es sich wandeln und hineinfinden darf in eine andere Form.

WAS WILL ICH WIRKLICH?

Die besten und schönsten Dinge der Welt kann man nicht sehen oder gar anfassen - man muss sie mit dem Herzen fühlen.

Helen Keller

Im ersten Moment denken wir bei dieser Frage vielleicht an materielle Dinge. Mehr Einkommen. Ein neues Auto. Eine eigene Wohnung. Einen neuen Job. Mir geht es in diesem Buch jedoch um etwas anderes: um Gefühle.

Um etwas in unserem Leben zu verändern, dürfen wir zunächst einmal unsere Gefühle wahrnehmen, sie in uns ankommen lassen und uns trauen, sie wirklich zu fühlen. Denn manchmal wissen wir gar nicht so recht, was wir in Bezug auf eine Situation fühlen, oder wir haben bestimmte Gefühle (unbewusst) verdrängt oder sie von uns abgeschnitten. Das Schreiben kann uns dabei helfen, uns wieder mit unseren Gefühlen zu verbinden. Für mich stehen hinter der Frage „Was will ich wirklich?“ deshalb eigentlich zwei andere Fragen:

Wie möchte ich mich fühlen?

Wie soll sich mein Leben anfühlen? Meine Freundschaften, meine Beziehungen, meine Arbeit?

Anders als die klassischen Fragen nach dem, was wir gerne haben oder tun möchten, eröffnen diese Fragen oft einen tiefen und direkten Zugang zu dem, was wir uns wirklich vom Leben wünschen. Stell dir deine Gefühle wie kleine Motoren vor, die dein Handeln und deine Entscheidungen antreiben und so deine Realität beeinflussen. Deine Gefühle sind oft der wahre Grund, warum du bestimmte Dinge tust oder anstrebst. Warum hatte ich den Wunsch, meinen Job zu kündigen? Es waren bestimmte Gefühle, nach denen ich mich sehnte. Ich wollte mich frei fühlen, selbstbestimmt und erfüllt. Wenn du dich schon einmal ein bisschen mit Marketing beschäftigt hast, dann hast du sicher davon gehört, dass wir nicht wirklich Produkte oder Dienstleistungen kaufen, sondern das Gefühl, das uns diese Dinge vermitteln. Die Werbung nutzt das geschickt, indem sie nicht nur Fakten aufzählt, sondern Botschaften so formuliert, dass bestimmte Emotionen in uns ausgelöst werden. Überall werden wir auf der Ebene unserer Gefühle angesprochen, um ins Handeln zu kommen. Die Fragen „Wie möchte ich mich fühlen?" oder „Wie soll sich mein Leben anfühlen?" sind also alles andere als oberflächlich. Sie sind großartige Wegweiser, um zu verstehen, was uns wirklich antreibt. Wenn du diese Fragen stellst, gelangst du an den Kern deiner Werte. Was für dich wirklich zählt, ist eng mit diesen gewünschten Gefühlen verbunden. Wenn du eine klare Vorstellung davon hast, wie du dich fühlen möchtest, dann hilft dir das auch dabei, die richtigen Entscheidungen zu treffen und den für dich besten Weg einzuschlagen. Als ich damals wieder mit dem Journaling begonnen habe, habe ich mich bewusst mit meinen Gefühlen auseinandergesetzt. Unsere Gefühle repräsentieren unsere innere Wahrheit. Und genau darin bestand damals auch meine größte Herausforderung: Meine innere Wahrheit anzuerkennen und anzunehmen, was ich wirklich fühlte. Gezeigt hat sich das an meinen inneren Dialogen. Denn da kämpften Dankbarkeit und Unzufriedenheit gegeneinander. Es gab eine Stimme in mir, die immer wieder versuchte, meine Wahrnehmung zu beschwichtigen und meine Emotionen zu relativieren. So sagte ich mir einerseits: „Aber du hast doch einen tollen Job. Und nette Kollegen. Sei doch dankbar. Andere wären froh, sie hätten so einen Job. Du hast ein gutes Gehalt. Wer weiß, ob es woanders besser ist. Du hast jetzt so lange studiert, und das soll doch nicht umsonst gewesen sein. Wenn du jetzt sagst, du bist so unglücklich, dann stellst du es so hin, als wäre das alles schlecht. So schlimm ist es doch gar nicht."

Und dann war da die andere Stimme, die dagegenhielt und sagte: „Ich fühle mich elend. All das hier fühlt sich falsch an. Ich kann mir nicht vorstellen, diesen Job bis ans Ende meiner Tage zu machen. Allein der Gedanke daran schnürt mir die Kehle zu. Ich fühle, dass es noch etwas anderes für mich gibt."

Dieses Spiel habe ich so lange getrieben, bis ich irgendwann nicht mehr konnte und weinend in der Dusche zusammengebrochen bin. Das war der Moment, in dem mich zu der Wahrheit bekannt habe, dass ich kündigen möchte und dass ich innerlich auch schon längst entschieden habe, es zu tun. In diesem Moment wurde mir klar, dass ich mich bisher immer dazu gezwungen hatte, die Dankbarkeit über alles andere zu stellen und damit einen Teil von mir verleugnet habe. Endlich habe ich mir eingestanden, dass es zwei Wahrheiten in mir gab. Zwei, die gleichermaßen gültig waren.

Ja, ich hatte einen tollen Job. Und ich hatte ihn eine Weile genossen und Spaß gehabt. Ich durfte großartige Dinge erleben, lernen und daran wachsen. Ich durfte wunderbare Menschen kennenlernen und Freundschaften fürs Leben schließen. Und ja, woanders könnte es in der Tat schlimmer sein. Ich glaube daran, dass ich immer zur richtigen Zeit am richtigen Ort bin. Doch nun hat sich etwas verändert. Ich habe mich verändert und somit auch meine Bedürfnisse. Es sind einige Jahre vergangen. Mit dreißig habe ich nicht mehr die gleiche Vorstellung vom Leben wie mit Anfang zwanzig. Jetzt fühlt sich diese Arbeit nicht mehr richtig an – für mich. Vielleicht ist sie für jemand anderen gut. Für mich ist sie es nicht mehr. Durch den Tod meiner Mutter habe ich eine andere Perspektive gewonnen. Ich blicke anders auf mein Leben und meine Möglichkeiten. Seither gibt es ein Ungleichgewicht in meinem Leben. Und mein Körper drückt dieses Ungleichgewicht durch Symptome aus. Ich fühle tief in mir, dass ich meiner Intuition vertrauen möchte, anstatt mich länger dagegen zu wehren. Ich war und bin frei, eine Entscheidung zu treffen: bleiben, um unglücklich zu sein oder gehen, um herauszufinden, was auf mich wartet.

Das zeigt, wie wertvoll es ist, die eigenen Gefühle vollständig zu erkennen und zu akzeptieren, ohne sie durch die Betonung der positiven Aspekte deines Lebens abzuwerten.

Das, was sonst passieren kann, ist eine Form der toxischen Positivität – eine Art der Selbstbetäubung, die verhindert, dass wir unsere wahren Gefühle verarbeiten. Es ist diese Art von Dialog, die dazu führt, dass wir uns viel zu oft gezwungen fühlen, immer alles im besten Licht zu sehen, auch wenn wir innerlich leiden. Auf Dauer kann das zu einer Diskrepanz zwischen unserem inneren Erleben und der äußeren Darstellung führen, was oft psychische Belastungen nach sich zieht.

Natürlich ist es wichtig, dass wir grundsätzlich eine positive Einstellung beibehalten. Das ist auch etwas, worauf ich sehr viel Wert lege. Ich glaube an den versteckten Segen in allen Herausforderungen, die mir begegnen, und ich frage immer nach dem, was ich aus einer Situation lernen darf. Doch es gibt eben nicht nur eine Wahrheit. Und wie im vorherigen Abschnitt beschrieben, kann es schwierig für uns werden, wenn wir uns an eine einzige gültige Wahrheit klammern wollen. Wenn unser Verstand versucht, zwischen beiden Gefühlszuständen, einen zu bestimmen, der gültiger ist, als der andere. Bin ich nun dankbar oder bin ich unglücklich? Wenn wir uns in Erinnerung rufen, dass wir stattdessen nach wahrem Ausdruck streben, dann bringt das eine ganz andere Energie in die Umstände. Dann dürfen beide Wahrheiten nebeneinander existieren. Drücke deine wahren Gefühle aus. Zu dem was gut läuft und wofür du dankbar bist und auch zu dem, was aktuell schmerzt und dich belastet. Strebe nach wahrem Ausdruck. Es ist wichtig, Raum für beides zu schaffen – für das Empfinden der Dankbarkeit, die uns erdet und verbindet, und für die Unzufriedenheit, die uns zu persönlichem Wachstum und Veränderung motiviert.

Ein gesunder Dialog zwischen diesen Gefühlen bedeutet, die eigene Unzufriedenheit zu erkennen und zu ehren, ohne in eine Abwärtsspirale negativer Gedanken zu geraten. Gleichzeitig heißt es, ein Gefühl der Dankbarkeit zu pflegen, ohne es als Mittel zur Verdrängung unangenehmer Emotionen zu missbrauchen. Es geht darum, ein Gleichgewicht zu finden und dir selbst die Erlaubnis zu geben, das gesamte Spektrum deiner menschlichen Erfahrung zu fühlen.

Dankbarkeit erinnert uns an das, was wir haben und bringt uns zurück zu einem Zustand der Wertschätzung. Unzufriedenheit auf der anderen Seite kann ein Antrieb sein, auf unser Bauchgefühl zu hören und unserer inneren Stimme zu folgen. Sie zeigt uns, dass etwas in unserem Leben oder in unserem Inneren gerade nicht im Gleichgewicht befindet, nicht im Einklang ist mit unseren tiefsten Wünschen oder Bedürfnissen. Schenke dir diesen Raum. Es ist okay, sich manchmal nicht okay zu fühlen, obwohl es so vieles in unserem Leben gibt, für das wir dankbar sein können.

Journaling bedeutet für mich also auch, dass ich mich (wieder) mit meinen Gefühlen verbinde und sie ehrlich zum Ausdruck bringe. Journaling hilft dir dabei, neben einer positiven Einstellung und positivem Denken auch unsere Unzufriedenheit und unser Leid anzuerkennen und es auszudrücken, um heilen zu können. Den Prozess des Anerkennens kannst du dabei als Teil eines ehrlichen Gesprächs mit dir selbst betrachten. Das ist ein wichtiger Schritt zur Selbsterkenntnis und Selbstfürsorge. Das ist es, was ich unter wahrem Ausdruck verstehe. Das ist es auch, was uns den Druck nimmt, diese eine endgültige Wahrheit über uns selbst zu finden. In Bezug auf deine Gefühle gibt es kein Richtig oder Falsch. Es sind deine Gefühle. Beim Schreiben wird dir vielleicht immer mal wieder der Gedanke kommen, dass du dies oder jenes gar nicht fühlen darfst oder solltest. Doch jetzt geht es genau darum: dass du deine Wahrheit akzeptierst und anerkennst. Es geht um deine persönlichen Werte, Wünsche und Bedürfnisse. Es ist dein Leben, und du hast das Recht, es so zu gestalten, dass es sich für dich richtig und gut anfühlt.

WOFÜR BIN ICH HIER?

Wenn ich am Ende meines Lebens vor Gott stehe, würde ich hoffen, dass ich kein einziges bisschen Talent mehr übrighabe und sagen könnte: „Ich habe alles genutzt, was du mir gegeben hast.“

Erma Bombeck

Schon als Kind habe ich mich gefragt, woher wir kommen, warum wir hier sind und welchen Sinn das Leben hat. Heute bin ich zutiefst davon überzeugt, dass jeder Mensch mit ganz besonderen Talenten auf diese Welt kommt, die es unserer Seele ermöglichen, ihr größtes göttliches Potenzial zu entfalten und etwas Wertvolles in diese Welt zu bringen. Wir entfalten dieses Potenzial, wenn wir aus tiefstem Herzen leben und die Fähigkeiten nutzen, die uns gegeben wurden. Zusammen mit unserer Persönlichkeit, unserer Geschichte und unseren

Lebenserfahrungen machen sie uns zu einem einzigartigen Ausdruck der Schöpferkraft. Für diesen Weg braucht es Mut. Weil wir ihn nicht gehen können, ohne uns unseren persönlichen Themen zu stellen, kann uns dieser Weg auf eine Weise heilen, wie wir es uns selbst nicht erträumen können.

Vielleicht geht es dir gerade so, wie es mir vor einigen Jahren ging. Du spürst, dass dein Platz im Grunde woanders ist, dass es mehr geben muss als dieses Berufs- oder Privatleben, das du führst. Du sehnst dich nach mehr, auch wenn dieses „Mehr" nur eine sehr vage Empfindung ist, die du nicht näher bestimmen kannst. Du spürst, deine Seele möchte weiterziehen, aufbrechen, etwas Neues entdecken – sich verwirklichen. Oft haben wir zu diesem Zeitpunkt eine leise Ahnung davon, dass irgendetwas in unserem Leben nicht stimmt. Uns fehlt ein gewisses Gefühl der Verbindung zu uns selbst und dem, was wir tun. Wir sehnen uns nach Erfüllung oder einem tieferen Sinn im Leben. Im schlimmsten Fall spüren wir, dass uns das Leben, das wir im Moment führen, auf Dauer krank machen wird, wenn wir nichts ändern. So ging es mir, bevor ich nach einigem Ringen mit mir meine Kündigung eingereicht habe. Monatelang habe ich mich zur Arbeit geschleppt, mit einer Schwere in mir, als würde ich einen riesigen erdrückenden Felsbrocken auf meinen Schultern tragen. Irgendwann habe ich keinen Tag mehr ohne Schmerztabletten durchgestanden. Tag ein, Tag aus bin ich mit starken Kopf- und Nackenschmerzen ins Büro gegangen. Nach außen habe ich immer gelächelt und so getan, als wäre alles in Ordnung. Doch in mir drin tobte ein Sturm. Das Schlimme war, dass ich einfach keine Ahnung hatte, was eine Alternative für mich sein könnte. Vielleicht weißt du längst, in welche Richtung du gerne gehen würdest, oder du hast, wie ich damals, überhaupt keine Idee, wo deine Talente, Fähigkeiten und Leidenschaften wirklich liegen. Ganz sicher sind sie viel größer, vielfältiger und kreativer, als du es dir je vorstellen kannst.

Unsere Seelenaufgabe wird auch als Berufung oder Bestimmung bezeichnet. Diese Begriffe erzeugen bei manchen Menschen unangenehme Gefühle, weil sie den Anschein erwecken, es handle sich dabei um etwas sehr Großes und Bedeutsames, das nur für wenige Menschen erreichbar ist. Es tauchen manchmal auch Fragen auf wie:

„Wenn ich für etwas bestimmt bin, habe ich dann gar keine freie Wahl mehr?“

„Muss Berufung immer bedeuten, dass man sein Herzensthema zum Beruf macht oder in die Selbstständigkeit geht“?

Bestimmung bedeutet nicht, dass wir fremdbestimmt sind. Wir haben immer die freie Wahl, wie wir unsere Talente und Fähigkeiten nutzen und für was wir sie einsetzen. Berufung bedeutet nicht, dass unsere Seelenaufgabe zwangsweise unser Hauptberuf werden muss, es sei denn, es ist dein Wunsch und entspricht deinen Vorlieben. Die Seelenaufgabe kann in so vielen verschiedenen Formen kommen und sieht für jeden Mensch anders aus. Es geht dabei um ein Thema, das dich begeistert, eine Tätigkeit, für die du brennst, eine Sache, die dich nicht loslässt, dich antreibt oder etwas, das dir pure Freude bereitet, wann immer du dich damit beschäftigst. Es geht um etwas, dass dir einfach liegt und dir im Grunde leichtfällt. Deshalb erkennen wir es auch oft nicht. Weil es für uns nichts Besonderes ist. Wir glauben, dass wir damit nichts anfangen können, weil wir davon ausgehen, dass es jeder kann. Doch das, was dir wie von selbst von der Hand geht, kann für jemand anderen schwer sein.

Hinzu kommt, dass wir oft versuchen, unseren Herzensweg mit dem Verstand zu greifen. Doch die Seelenaufgabe erkennen wir nicht im Denken, sondern im Fühlen. Sie zu entdecken, ist ein individueller Prozess. Nur du kannst herausfinden, was genau sie beinhaltet und in welcher Form du sie leben möchtest. Manchmal braucht es dafür mehr Zeit, als wir uns wünschen. Die Geschwindigkeit, in der wir sie umsetzen, ist jedoch nebensächlich. Wichtig ist, dass wir uns überhaupt dafür entscheiden, uns auf den Weg zu machen. Alles hat seine Zeit. Das Wichtigste ist, deinem Gefühl zu vertrauen, diesen Ruf nicht zu ignorieren und dich ohne Druck darauf einzulassen. Wenn wir uns einmal auf die Reise gemacht haben, dann sind wir wie Zugvögel. Sie kennen den Weg, auch wenn sie ihn zum ersten Mal fliegen. Sie orientieren sich am Licht der Sonne und den Sternen, an der Ordnung des Kosmos. Du kannst dir sicher sein, wenn du dich für den Ruf deiner Seele entscheidest, dann wirst du ankommen - solange du deinem Herzen folgst und nicht den Meinungen, Vorstellungen oder Glaubenssätzen anderer Menschen. Ich möchte an dieser Stelle noch einmal mein Lieblingszitat aufgreifen, mit dem ich dieses Buch begonnen habe:

„Jede Reise von tausend Meilen beginnt mit einem ersten Schritt.“

Lao Tseu

Wenn du diesen ersten Schritt wagst, wird so vieles zu deinen Gunsten in Gang gesetzt. Trau dich und triff eine Entscheidung. Schenk dir selbst ein Ja! Ja, ich will es wissen! Ja, ich mache mich auf den Weg, wenn auch nur in kleinen vorsichtigen Schritten. Ja, ich fange an, ich verbinde mich mit der Kraft, die in mir ist, die nur darauf wartet, wiederentdeckt zu werden.

Doch lass uns an dieser Stelle auch über Illusionen sprechen. Berufung ist nicht etwas, das irgendwann vom Himmel vom fällt und uns aus unserem anstrengenden Job oder aus einem herausfordernden Leben erlöst. Mir ist es wichtig, das anzusprechen, denn oft klingt es so, als müssten wir lediglich unsere Seelenaufgabe finden und ab dann wäre alles nur noch leicht und rosarot. Von außen sieht man natürlich oft nur den schönen Teil der Reise. Es ist ein bisschen wie mit den Fotos von den Highlights einer Weltreise, auf denen die Reisenden lächeln. Was man auf diesen Bildern nicht sieht, ist der anstrengende Zwanzig-Stunden-Flug. Der Schlafmangel, die lange Wanderung, die Blasen an den Füßen, die schlechten, verdreckten Unterkünfte, in denen man ab und an untergekommen ist. Die Überforderung und die Tränen, weil man sich allein fühlt oder fremd in einem fernen Land.

Ich habe nicht einfach so gekündigt, bin dann ein paar Tage später aufgewacht, wusste, dass ich Schriftstellerin sein wollte, habe dann mein erstes Buch aus dem Ärmel geschüttelt und meinen Traum gelebt. Jede Station dieser Reise war ein Prozess. Es sollte zwei Jahre dauern, bis ich nach dem Tod meiner Mama die Kündigung eingereicht habe. Und drei weitere Jahre, bis ich angefangen habe mein Buch zu schreiben. Währenddessen habe ich mich mit vielen inneren Überzeugungen, Blockaden und Ängsten auseinandergesetzt. Ich habe mich mit Gelegenheitsjobs über Wasser gehalten. Im Call-Center, am Erdbeer-Stand, bei der Lokalzeitung. Immer wieder habe ich gezweifelt, gehadert und geweint. Alles, was ich mir anschauen durfte, um zu leben, was ich gerne leben wollte, kam auf den Tisch. Ist das immer bequem? Angenehm? Leicht? Nein. Auf keinen Fall. Es bedeutet, an sich zu arbeiten und ein Päckchen zu öffnen. Dein Päckchen, in dem alles steckt, was dich ausmacht. Es bedeutet, Verantwortung zu übernehmen für dein Leben. Für deine Gefühle. Es bedeutet, mit dem Mist aufzuräumen, der noch in dir ist, aber auch endlich hinzuschauen und zu erkennen, was du alles schon bist und hast und wie reich dich das Leben bisher beschenkt hat. Diese Arbeit an uns selbst kann manchmal beängstigend und anstrengend sein. Doch von einer ganz anderen Qualität als die Anstrengung, die ich vorher in meinem Job gefühlt habe. Die war so aussichtslos und auf eine Art sinnlos. Wenn wir uns jedoch entscheiden, der Stimme unseres Herzens zu folgen, dann bekommen die Herausforderungen, die uns begegnen, eine andere Bedeutung. Wenn wir sie meistern, stellt sich ein Gefühl ein, das unbezahlbar ist: „Anstrengungsglück". Dieses Wort hat mal jemand in einem Schreibseminar gesagt, an dem ich teilgenommen habe. Das ist die Sorte Glück, die man erfährt, eben weil es nicht immer einfach war. Dieses Wort kann uns daran erinnern, dass nicht alle Formen des Glücks leicht oder mühelos erreicht werden. Manchmal ist es die Anstrengung selbst, die eine Erfahrung für uns wertvoll macht. Auf der anderen Seite durfte ich auch Wunder erleben und Fügungen. Dinge, die plötzlich wie von selbst zu mir gekommen sind. Ich habe Menschen getroffen, die diesen Weg mit mir gemeinsam gehen.

Du kannst dir nicht vorstellen, wie viel Angst ich dabei hatte. Auf Messers Schneide habe ich getanzt. Doch es gab einfach ständig diese Zeichen, dass es richtig ist, was ich da tue, dass ich auf dem Weg bin. Achte also darauf, was für dich wichtig ist und was sich für dich richtig anfühlt. Du wirst über dich hinauswachsen, wenn du dich dafür entscheidest. Und du wirst entdecken, wie stark du wirklich bist und dich Stück für Stück in dein Leben verlieben.

SCHREIBEN IST ENERGIEARBEIT

Die Grenzen meiner Sprache
bedeuten die Grenzen meiner Welt.

Ludwig Wittgenstein

Eins nach dem anderen nehme ich die Bücher meiner Mutter aus dem zerfledderten Umzugskarton. Sie sind staubig, speckig und fühlen sich vernachlässigt an. Viele Jahre hatte mein Bruder sie bei sich auf dem Dachboden aufbewahrt. Ich drehe jedes einzelne zwischen meinen Händen, greife immer wieder in den Karton, hole eine weiteres heraus. Wische die verstaubten Buchdeckel sorgfältig mit einem feuchten Tuch ab und packe die Bücher dann in den alten Bauernschrank. Er steht jetzt nicht mehr bei meiner Mutter im Wohnzimmer, sondern bei mir im Keller. Dünne Bücher von Egon Schiele, dicke Wälzer über Kandinsky, Dalí und andere große Künstler. Das Kinderbuch über Claude Monet, das ich früher so sehr gemocht habe. Dann entdecke ich die alten Tagebücher meiner Mutter. Ich zähle sie durch, es sind zehn an der Zahl. Gebunden in dunkelblaues Leinen und auf dem Cover jeweils versehen mit einem Kunstbild. Genau genommen sind es Kalender. In die Kästchen für jeden Tag hat meine Mutter Gedanken, Gefühle und Ereignisse notiert. Ich packe den Stapel auf den Tisch und setze mich in meinen Sessel. Noch bevor ich das erste Buch öffne, spüre ich einen Kloß im Hals. Ich schlage eines der Bücher auf und sehe die Handschrift meiner Mutter. Tränen steigen mir in die Augen. Ein Überbleibsel aus einem Leben, das längst gelebt wurde. Meine Mama ist nicht mehr da. Die Energie hinter ihren Worten schon. Ich kann sie spüren. Spuren von Tinte, Bleistift und Kugelschreiber liegen geborgen wie kleine Kinder in einer Decke aus jahrzehntealtem Papier.

Seite um Seite streife ich durch das Tagebuch meiner Mutter. In Gedanken sehe ich sie dabei am Esstisch sitzen und schreiben. Der Raum ist erfüllt von einem gemütlichen Licht und vollkommen überhitzt durch den großen Kachelofen, den mein Vater selbst gebaut hat. Dabei wird mir bewusst, wie ein einziges Wort, ein einziger Satz die Macht besitzt, ein Bild heraufzubeschwören, Erinnerungen und Gefühle wachzurufen. Ich denke daran, wie oft ich Mama kleine Notizen hinterlassen habe: auf dem alten Schreibtisch im Eingangsbereich, der jetzt auch hier bei mir im Keller steht, oder als Entschuldigung auf ihrem Kopfkissen, wenn in meiner Pubertät alles in mir gebrannt und gebrodelt hat und wir uns gestritten hatten. Es gab ein Credo: Nie im Streit das Haus verlassen. Nicht mit diesem Gefühl ins Bett gehen. Und wenn mal genug gesagt war, dann haben wir uns kleine Notizzettel geschrieben: „Es tut mir leid, dass ich dich angeschrien habe. Ich liebe dich.“ Oder einfach: „Ich hab dich lieb, Mama.“

Für mich waren Worte schon immer von größerer Bedeutung als für jeden anderen in meiner Familie. Meine Mama nannte mich immer liebevoll eine „Wortklauberin“. Erst Jahre später konnte ich das in den richtigen Kontext bringen und verstehen. Damals mochte ich das nicht, heute muss ich schmunzeln, weil ich so viel mehr über mich und die Bedeutung von Worten gelernt habe:

Worte sind kraftvoll.

Worte sind mächtig.

Worte sind Energieträger.

Oder wie Jacques Martel es in seinem Buch „Die Kraft der Worte“ ausdrückt: „Worte sind wichtig, denn sie transportieren spirituelle Energie.“

Wenn ich mich authentisch ausdrücke, Worte wähle, die zu meinem Gefühl passen, Worte, die meiner inneren Sprache entsprechen, dann kommt diese Energie bei unserem Gegenüber an. Worte haben die Macht, unser Herz leichter zu machen oder es zu brechen. Vielleicht hast du schon einmal erlebt, dass ein einziger Satz, ein einziges Wort alles verändert hat. Entweder weil du ihn selbst gesagt oder weil du ihn von jemand anderem empfangen hast. Selbst ein einziges Wort kann uns tief verletzen oder uns aufbauen und neue Kraft schenken. Ein JA (du schaffst das) löst andere Gefühle aus als ein NEIN (ich glaube nicht an dich). Dabei muss das Wort nicht einmal von außen kommen, es kann auch von dir an dich selbst gerichtet sein. Beobachte ab jetzt einmal, wie du mit dir selbst sprichst und welche Worte du dabei benutzt. Wie oft sagst du innerlich Ja zu dir oder Nein? Wo baust du dich selbst auf, wo glaubst du an dich? Und wo wirfst du dir ständig Gedanken an den Kopf, die dich niedermachen?

Gedanken sind Worte, und Worte lösen Gefühle aus. Worte stehen in Verbindung mit dem, was wir erfahren und erlebt haben. Unser Körper spürt das in jeder Zelle. Er ist ein Resonanzkörper. Pure Energie. Er schwingt und steht mit allem in Verbindung. Auch mit unserer inneren Stimme, mit unseren Worten, die noch als Gedanken in unserem Kopf sind. Wenn alles Energie ist, dann ist es ganz logisch, dass Worte etwas mit uns machen. Schreiben hilft dir dabei, deine Gedanken zu beobachten und sie in Form von Worten sichtbar zu machen. Wenn du anschließend liest, was du geschrieben hast, ist es, als würdest du einen Schritt zurücktreten und dich dadurch besser verstehen, weil du ein anderes Gefühl für deine eigene Energie bekommst. Ein bisschen so, als könntest du dich selbst von außen betrachten. Glaubenssätze sind dann nicht nur etwas, was wir denken, sondern Worte, die in unserem Energiefeld schwingen. Und wenn ich mir bewusst mache, dass meine Gedanken Worte sind, die Energie aussenden, kann ich mich fragen:

Welche Worte möchte ich in Zukunft denken?

Welche Worte möchte ich in mir tragen?

Welche Energie möchte ich ausstrahlen? Ist es Groll, Zweifel, Wut und Angst? Oder Respekt, Wertschätzung, Dankbarkeit und Liebe?

Dass Worte Energieträger sind, kannst du ganz leicht selbst überprüfen. Achte einmal darauf, wie dein Körper auf das Wort „Krieg“ reagiert und im Gegenzug auf das Wort „Liebe“. Du findest sicher noch weitere Wörter, auf die du persönlich positiv reagierst und Wörter, die dir die Kehle zuschnüren. Bei mir hat das Wort „Steuererklärung“ eine Zeit lang Angst und Schweißperlen ausgelöst. Nur ein einziger Gedanke an dieses eine Wort. Wie kann das sein?

Nun, ein Wort ist für unseren Körper das, was es subjektiv für uns bedeutet. Denn unser Gehirn speichert jegliche körperliche oder seelische Erfahrung, die wir jemals in Verbindung mit diesem Wort gemacht haben, und ruft es zuverlässig ab, wenn wir daran denken. Sprache verrät uns so vieles. Achte ab jetzt darauf, welche Worte welche Gefühle in dir auslösen, denn sie können ein wichtiger Hinweis auf ein bestimmtes Thema sein, das in deinem Leben wirkt. Vieles davon ist im Unterbewusstsein verborgen. Alte Muster, die wir in uns tragen. Glaubenssätze, die in unserer Familie gelebt und (über Generationen) weitergegeben wurden. Um etwas zu verändern, ist es also auch wichtig zu beobachten, welche Worte wir wählen und wie wir über uns selbst und über andere denken und sprechen.

Wenn wir unsere Gedanken und Gefühle über unsere Sprache – in diesem Fall durch das Schreiben – ausdrücken, können wir den Dingen auf den Grund gehen, die in unserem Leben Ärger, Wut, Angst oder Frust auslösen. Wir entdecken auch, was uns von Herzen Freude bereitet und wofür wir zutiefst dankbar sind. Wir schaffen uns beim Schreiben ein neues Bewusstsein für unsere eigenen Gedanken und Gefühle. Denn nur so können wir sie wandeln oder ihre positive Kraft für uns nutzen. Je ehrlicher du dich beim Schreiben ausdrückst, desto wirkungsvoller ist es. Drücken wir die Energie, die in unseren Gedanken und Gefühlen steckt, nicht in irgendeiner Art und Weise aus, kann es sein, dass sie irgendwann auf die Körperebene übergeht. Durch das Schreiben hast du die Möglichkeit, diese Energien zu transformieren. Denke an das Schreiben als eine Art Kanalisierung. Du leitest die Energie in eine konstruktive Richtung, lässt sie frei fließen und kannst so Blockaden lösen.

Deshalb verstehe ich Journaling auch als eine Form der Energiearbeit.

Wenn wir über Energiearbeit sprechen, denkst du vielleicht als Erstes an Reiki, Meditation, Yoga oder andere spirituelle Praktiken. Doch Energiearbeit umfasst noch viel mehr Methoden. Sie alle zielen darauf ab, den Energiefluss im Körper zu harmonisieren. Das ganze Universum, einschließlich unseres Körpers und unseres Geistes, besteht aus Energie. Wenn diese Energie blockiert ist oder nicht frei fließt, kann das zu emotionalen, geistigen und sogar physischen Beschwerden führen. Durch Energiearbeit können wir diese Blockaden erkennen und transformieren und so Körper, Geist und Seele wieder ins Gleichgewicht bringen.

Vor einigen Jahren habe ich mich als Reiki-Meisterin ausbilden zu lassen. Reiki ist eine Form der Energieheilung, die aus Japan kommt. Der Begriff „Reiki“ bedeutet so viel wie „universelle Lebensenergie“. In vielen Kulturen und spirituellen Praktiken spricht man von einer universellen Lebensenergie, die durch alles fließt – in der chinesischen Medizin ist es als „Qi“ oder „Chi“ bekannt, im Yoga spricht man von „Prana“. Durch Reiki lernte ich, wie Energie durch uns fließt, was sie blockiert und wie sie freigesetzt werden kann, um Heilung und Harmonie in unser Leben zu bringen. Das Wissen und die Erfahrung, die ich durch Reiki gewonnen habe, beeinflussen, wie ich das Journaling sehe und praktiziere. So wie ich in meinen Reiki-Sitzungen Energie spüre und leite, erlaube ich mir beim Schreiben, meine Energien zu spüren und sie aufs Papier zu bringen. Reiki und Journaling sind für mich zwei Seiten derselben Medaille - beide sind Werkzeuge, mit denen ich mit meiner Energie arbeite, sie ausdrücke und ausgleiche.

Manchmal spüre ich beim Schreiben Blockaden, ähnlich wie die energetischen Blockaden, die man in einer Reiki-Sitzung spüren kann. In solchen Momenten nutze ich mein Verständnis von Energiearbeit, um tiefer zu schauen, mich mit diesen Blockaden auseinanderzusetzen und sie durch Worte zu lösen. Durch meine Erfahrung mit Reiki habe ich gelernt, dass wir alle Energie sind und dass diese Energie alles beeinflusst, was wir tun. Das Schreiben ist für mich zu einer weiteren Form der Energiearbeit geworden, eine, die mir erlaubt, mich selbst zu erforschen und die Dinge in mir zu harmonisieren, die ins Ungleichgewicht geraten sind. Das wirkt sich auch auf äußere Umstände aus. Bestimmt hast du schon einmal die Redewendung gehört: „Wie innen so außen.“ Möchte ich etwas im Außen an meiner Lebenssituation verändern, dann darf ich zuerst nach innen schauen und dort etwas wandeln. Jedes Wort, das wir schreiben, jedes Gefühl, das wir ehrlich ausdrücken, verschiebt und formt die Energie in uns. Wenn also Worte Energieträger sind, dann ist das Schreiben eine Methode, diese Energie zu lenken und zu formen. Stell dir vor, jedes Mal, wenn du aufschreibst, was gerade in dir vorgeht, verbindest du dich mit deiner inneren Energiequelle und führst eine Art energetische Reinigung durch. Mit der Zeit wird dir das Journaling immer mehr dabei helfen, deine eigene Energie zu erfühlen und zu erkennen, wo sie vielleicht gerade blockiert ist oder wodurch sie am stärksten fließt. Deshalb hat Journaling Einfluss auf deine gesamte Existenz. Auf Körper, Geist und Seele.

SCHREIBEN HEISST, DIE WAHRHEIT ANZUNEHMEN

Es aufzuschreiben, macht es nicht ‚real'. Es wird dadurch aber zur Kenntnis genommen und anerkannt. Wenn du die Wahrheit sagst, wie du sie kennst und erlebst, schaffst du Raum, um deine Annahmen in Frage zu stellen, deine gegenwärtige Realität anzuerkennen, Geheimnisse loszulassen und dein Denken/Hören/Verhalten zu ändern.

Kay Adams

Zum Abschluss dieses Kapitels möchte ich eine Frage mit dir teilen, die mir eine Leserin per E-Mail gestellt hat. Sie begegnet mir auch immer wieder in den Journaling-Workshops, die ich gebe:

Wenn Worte Energie sind und Schreiben manifestiert, ist es dann schlecht, wenn ich negative Gefühle in mein Tagebuch schreibe?

Wenn du dir diese Frage stellst, kann es sein, dass du bewusst oder unbewusst einen Widerstand spürst oder dich nicht traust, ehrlich über deine Gefühle zu schreiben. Ganz nach dem Motto: Wenn ich es „ausspreche“, also aufschreibe, wird es wahr. Also behalte ich es lieber für mich.

Ich danke Simone sehr für diese Nachricht und habe sie gefragt, ob sie damit einverstanden ist, wenn ich ihre Gedanken dazu in diesem Buch mit dir teile.

Liebe Johanna,

ich lese schon länger deine Mails mit Begeisterung und dem Gefühl einer Verbundenheit.

Was das Tagebuch-Schreiben und das Schreiben als Coaching-Werkzeug betrifft bin ich kein Anfänger. Aber seit einiger Zeit blockiert mich eine Frage, deshalb möchte ich diese heute an Dich richten, da ich Dich als überaus kompetent wahrnehme:

Wenn wir tiefer in den Prozess des Schreibens eintreten, gibt es das freie Schreiben, z. B. in den Morgenseiten und auch das geführte absichtliche Schreiben, z. B. beim Mond-Journaling.[5]

Im Hinblick auf die Macht der Worte habe ich in letzter Zeit von einigen Manifestations-„Spezialistinnen“ immer wieder gelesen, dass wir auch darauf achten sollen, wie wir Tagebuch schreiben. Denn wenn wir hier unsere Sorgen und Ängste und aktuellen Gefühle in Worte gefasst schriftlich festhalten, würden wir eben genau diesen Zustand dauerhaft manifestieren - eben noch mehr in unser Leben ziehen.

Diese Aussage verwirrt mich zutiefst. Und auch wenn ich selbst heilsame Erfahrungen mit dem Mond-Journaling gemacht habe, möchte ich auf mein „Schreiben für die Seele" nicht verzichten, da ich es unglaublich klärend finde, eben auch meine Bedenken und Ängste und Unsicherheiten schriftlich in Worte zu fassen.

Welche Erfahrungen hast Du mit dieser Kraft der Worte gemacht? Wie gehst Du damit um?

Sollten wir unsere Morgenseiten und „normalen" Tagebücher verbrennen oder vergraben, um uns von ihrer Macht zu befreien und nur unser Wunsch-/Traum-Leben in schriftlicher Form aufbewahren?

Sollten wir auch beim freien Schreiben auf die Wortwahl achten? (Was dann ja gar nicht mehr frei wäre.)

Oder ist das für Dich (auch) nur ein weiteres Zeichen dafür, wie sehr unsere Gesellschaft bestrebt ist, alles vermeintlich Unproduktive und Unbequeme einfach nicht „sein zu lassen"?

Über eine persönliche Antwort würde ich mich sehr freuen …

Herzensgrüße und bis hoffentlich ganz bald,

Simone Beez

(Simone begleitet und unterstützt „müde Mütter mit unerhörten Träumen". Wenn dich das interessiert, schau mal bei www.mamamagie.de vorbei.)

Vielleicht teilst du Simones Bedenken. Ich kann diese Sorge gut nachvollziehen. Aufgrund meiner persönlichen Erfahrungen und der Einsichten, die ich während meiner schreibtherapeutischen Ausbildung gewonnen habe, weiß ich jedoch: negative Emotionen aufzuschreiben, ist eher heilsam als schädlich. Verschiedene Fachleute, darunter Neurologen und Psychologen, erforschen seit Jahrzehnten die Wirkungen des Journaling. Zahlreiche Studien bestätigen uns heute, dass das Schreiben über emotionale Erlebnisse signifikante Vorteile für unsere körperliche und psychische Gesundheit haben kann. Es kann uns dabei helfen, Stress abzubauen, Traumata zu verarbeiten und zu einem besseren Verständnis der eigenen Person führen. So kann unser Heilungs- und Wachstumsprozess unterstützt werden.

Wenn du über deine Ängste und Sorgen schreibst, gibst du ihnen Raum – du hörst ihnen zu und akzeptierst ihre Existenz, was der erste Schritt zur Veränderung und zum persönlichen Wachstum ist. Dabei ist Ehrlichkeit uns selbst gegenüber von größter Bedeutung. Unser Tagebuch ist ein persönlicher Raum, in dem wir uns erlauben dürfen, authentisch und verletzlich zu sein. Es geht darum, dass wir uns die Erlaubnis schenken, uns in Liebe von der Seele zu schreiben, was uns beschäftigt - auch wenn das bedeutet, schwierige Themen zu erforschen.

Deshalb ist es mir so wichtig zu betonen, dass eine positive Lebenseinstellung nicht heißt, negative Gedanken und Gefühle zu unterdrücken. Im Gegenteil: Wir dürfen sie erkennen, ihnen Raum geben und dann bewusst wählen, wie wir darauf reagieren und was wir in unser Leben einladen möchten. Simones Frage berührt also ein zentrales Thema im Prozess des Journaling und unserer persönlichen Entwicklung. Vergiss nicht, dass deine Worte mächtig sind. Doch sie dienen dir auch als Werkzeuge der Freiheit und Selbstentfaltung. Schreibe also frei und ehrlich, und vertraue darauf, dass dieser Prozess dich unterstützt, nicht belastet. Lass deine Seele sprechen und finde deinen eigenen Weg, die Kraft der Worte für dich zu nutzen.

Die Absicht hinter den Worten, die wir zu Papier bringen, spielt dabei eine entscheidende Rolle. Denn wenn du schreibst, um deine Gefühle zu verarbeiten und einen Weg vorwärts zu finden, ist das eine Sache. Es kann befreiend sein und dir helfen, Klarheit zu gewinnen und zu heilen. Doch wenn wir uns immer wieder nur hinsetzen, um zu klagen und uns in unserer Unzufriedenheit zu baden, ohne den Wunsch nach Veränderung, kann das durchaus einen negativen Effekt haben.

Es gibt einen Unterschied zwischen dem Schreiben, das uns in unserem Leid gefangen hält, und dem Schreiben, das uns erlaubt, unsere Gedanken und Gefühle zu durchleben und dann loszulassen. Die Absicht, die wir setzen – sei es Bewusstwerdung, Heilung oder Transformation – prägt die Wirkung, die das Schreiben auf unser Leben hat.

Wenn du dir bewusst machst, dass du negative Gedanken und Emotionen aufschreibst, um sie zu erkennen und zu transformieren, dann ist das Schreiben ein kraftvolles Werkzeug zur Selbstheilung. Es ist ein Prozess, der es dir ermöglicht, aus der Opferrolle herauszutreten und aktive Schritte zu unternehmen, um deine Situation zu verbessern. Dann kann das Schreiben zu einem Akt der Selbstermächtigung und Selbstliebe werden. Dann übernimmst du Verantwortung für deine emotionale Gesundheit und ebnest dir den Weg zu mehr Wohlbefinden.

ZUSAMMENFASSUNG UND REFLEXION

Im ersten Kapitel dieses Buches konntest du die Fülle und Tiefe des Journaling entdecken. Du weißt jetzt, dass Schreiben gelebte Hoffnung ist und ein Weg, dein Leben zu gestalten. Du hast auch erfahren, dass es einige Missverständnisse rund um Journaling gibt und dass man gar nicht so viel Zeit braucht, um die kraftvolle und positive Wirkung dieser Technik zu erfahren. Du weißt jetzt, dass Schreiben der erste Schritt vor (schwierigen) Entscheidungen sein kann und dass es vor allem um die Kunst geht, sich die richtigen Fragen zu stellen und sich diese ehrlich zu beantworten. Schreibend kannst du dich mit der unendlichen Weisheit des Universums verbinden und deine Identität erforschen. Außerdem hast du von meiner Sicht des Schreibens als Energiearbeit erfahren und bist dir nun darüber bewusst, dass Schreiben Körper, Geist und Seele beeinflusst.

- ***Schreiben ist gelebte Hoffnung.***
- ***Journaling ist ein Weg, dein Leben zu gestalten.***
- ***Schreiben ist der erste Schritt.***
- ***Schreiben ist die Kunst, die richtigen Fragen zu stellen.***
- ***Schreiben heißt, deine Identität zu erforschen.***
- ***Schreiben ist Energiearbeit.***
- ***Schreiben heißt, die Wahrheit anzunehmen.***

SCHREIBIMPULS

Bevor du in das nächste Kapitel eintauchst, möchte ich dich bitten, dass du dir einen Augenblick der Stille und Reflexion schenkst. Blicke innerlich auf das zurück, was du bis hierher gelesen hast, und nimm dir dann fünf Minuten Zeit, um eine (oder mehrere) der nachfolgenden Fragen schriftlich zu erkunden. Lies dir zunächst alle Schreibimpulse durch und entscheide dich für den, der dich jetzt gerade am meisten anspricht. Stelle dir einen Timer auf fünf Minuten und schreibe zügig und ohne den Stift abzusetzen.

- ***Überraschungsmoment: Gab es einen Moment oder Gedanken beim Lesen, der dich besonders überrascht hat? Warum hat dieser Moment dich so berührt?***

- ***Persönliche Resonanz: Mit welchem Aspekt des Journaling bist du am meisten in Resonanz gegangen? Was ist dir am deutlichsten in Erinnerung geblieben?***

- ***Neugierde und Interesse: Welches Thema oder welche Idee hat während des Lesens deine Neugier am meisten geweckt? Warum fühlst du dich zu diesem speziellen Thema hingezogen?***

Lies dir anschließend durch, was du geschrieben hast, und gib dir selbst ein Feedback. Dazu kannst du folgende Impulse nutzen:

Wenn ich das lese bemerke ich …

Ich stelle fest, dass …

Im bin neugierig in Bezug auf …

Wie fühlt sich mein Körper dabei an?

Gibt es irgendwelche Schritte, die ich angehen möchte?
Wenn ja, welche?

GLAUBE

Es ist aber der Glaube, eine feste Zuversicht auf das, was man hofft, eine Überzeugung von Tatsachen, die man nicht sieht.

Hebräer 11,1

Als ich ein kleines Mädchen war und noch nicht groß genug, um meine Mama an den Wochenenden auf ihre Töpfermärkte zu begleiten, verbrachte ich viel Zeit bei meinen Großeltern. Noch heute denke ich oft an diese Zeit zurück und erinnere mich: An den Duft von frisch gebackenem Hefezopf, den meine Oma Edith an den Wochenenden gebacken hat, an den Geschmack von warmer Milch mit Honig, die ich abends aus meiner Lieblingstasse getrunken habe. An all die bunten Beeren, die mein Opa Josef im Sommer in unserem Garten gepflückt und meiner Oma schüsselweise in die Küche gestellt hat, sodass sie alle Hände voll damit zu tun hatte, daraus noch mehr Kuchen oder Marmelade zuzubereiten. Und an den Geruch nach Holz, der meinen Opa einhüllte, wenn er im Wald war, um Brennholz für den Winter vorzubereiten. An all die schönen Momente und die Liebe, die ich bei meinen Großeltern spüren durfte. Und dann gibt es da noch eine Sache, die ich als ganz besondere Erinnerung in meinem Herzen trage: Wenn Oma Edith mich am Abend ins Bett brachte, setzte sie sich auf meine Bettkannte, nahm meine Hände und wir beteten gemeinsam. Meistens war es das Vaterunser, manchmal auch einfache Worte des Dankes oder der Hoffnung. In diesen Momenten lernte ich die Kraft und die Bedeutung des Gebets kennen. Jeden Abend, wenn die Welt um uns herum zur Ruhe kam, fanden wir in unserem gemeinsamen Ritual Frieden. In diesen stillen Minuten, in denen wir gemeinsam beteten, spürte ich eine tiefe Verbindung – nicht nur zu meiner geliebten Oma, sondern auch zu etwas viel Größerem als uns beiden. Diese kostbaren Augenblicke zeigten mir, wie mächtig und tröstlich der Glaube sein kann, vollkommen unabhängig von Religion. Ich habe gelernt, an das Unsichtbare zu glauben, an etwas, das tief in unseren Herzen wohnt, es gut mit uns meint und uns leitet. In meiner Erinnerung beginnt meine Verbindung zum Glauben deshalb nicht in einer Kirche, sondern zu Hause bei meinen Großeltern.

Hast du dich jemals gefragt, was „Glaube“ für dich bedeutet? Das Wort „Glaube“ kann viele verschiedene Emotionen und Interpretationen hervorrufen. Vielleicht denkst du dabei in erster Linie an tief verwurzelte religiöse Überzeugungen. Ich möchte dich mit diesem Kapitel einladen, darüber hinauszudenken. Denn mir geht es nicht um Religion oder dogmatische Überzeugungen. Bei unserer Reise durch den Glauben geht es darum, die verborgenen und unbewussten Überzeugungen, die wir in uns tragen, die uns antreiben oder auch zurückhalten, zu erkennen, sie zu reflektieren und neu zu gestalten. Es geht um das tiefe persönliche Gefühl des Vertrauens und der Hoffnung, das uns alle verbindet. Ich stelle mir den Glauben vor wie einen leuchtenden Funken, der in unserem Inneren brennt – manchmal hell und groß, manchmal nur leise flackernd. Doch dieser Funke erlischt nie.

Warum ist ein solcher Glaube (unabhängig von religiösen Überzeugungen) wichtig? Er gibt dir Hoffnung, er schenkt dir ein Licht, wenn die Tage dunkel sind. In einer Zeit, in der Zweifel und Unsicherheit allgegenwärtig zu sein scheinen, gibt dir der Glaube etwas, an dem du dich festhalten kannst, er schenkt dir Sinn und Vertrauen. Unser Glaube – egal in welcher Form wir diesen leben – spielt eine bedeutende Rolle, denn er beeinflusst, wie wir denken und welche Entscheidungen wir treffen. Deshalb wirkt er sich auch auf unser allgemeines Wohlbefinden aus. Das, woran wir glauben, ist die treibende Kraft für persönliches Wachstum und beeinflusst die Art und Weise, wie wir mit Veränderung umgehen. Unser Glaube beeinflusst, wie wir die Welt um uns herum wahrnehmen und interpretieren, wie wir die Ereignisse in unserem Leben betrachten und wie wir darauf reagieren. In zwischenmenschlichen Beziehungen kann er unser Vertrauen stärken sowie unsere Bereitschaft, anderen mit Liebe und Verständnis zu begegnen, Vergebung zu schenken oder zu empfangen. Im beruflichen Kontext ist es unser Glaube, der uns dazu ermutigt, unseren Leidenschaften zu folgen, Risiken einzugehen und unsere Träume zu verwirklichen. Und auf emotionaler Ebene kann unser Glaube uns dabei helfen, mit unseren Ängsten umzugehen und sie zu überwinden, Schwierigkeiten zu meistern oder in schwierigen Zeiten Stärke und Halt zu finden.

SPIRITUALITÄT UND GLAUBE

Spiritualität ist keine Formel; sie ist kein Test. Sie ist eine Beziehung. Bei Spiritualität geht es nicht um Kompetenz; es geht um Intimität. Bei der Spiritualität geht es nicht um Perfektion; es geht um Verbindung. Der Weg des spirituellen Lebens beginnt dort, wo wir jetzt sind, im Chaos unseres Lebens.

Mike Yaconelli

In der Gegend, aus der ich komme, spricht man das Wort „spirituell" am besten nicht so laut aus. Denn die meisten Menschen reagieren irgendwie seltsam darauf. Oft spüre ich, dass dieses Wort sofort eine Barriere errichtet, noch bevor es Menschen auf einer tieferen Ebene verbinden könnte. Offensichtlich ist Spiritualität ein Begriff, der immer wieder missverstanden wird und Vorurteile hervorruft. Ähnlich ist es, wenn ich davon erzähle, dass ich Reiki-Meisterin bin und meine Hilfe anbiete. Handauflegen? Energieheilung? Die meisten Menschen in meinem Umfeld reagieren skeptisch auf dieses Thema. Auch meine Mama war erst offen dafür, als sie krank wurde. So ist es oft: An Wendepunkten in unserem Leben, in Krisen oder in Zeiten des Umbruchs öffnen wir uns für Neues, das wir zuvor vielleicht abgelehnt haben oder noch gar nicht kannten. Vielleicht aus Verzweiflung, vielleicht weil wir spüren, dass das, was wir bisher getan oder gelebt haben, nicht mehr funktioniert. Für das ENGELmagazin durfte ich mal einen Artikel zu der Frage schreiben, was Spiritualität eigentlich genau bedeutet. Ich wollte diese Frage nicht nur für die Leser*innen beantworten, sondern auch für mich genauer erforschen. Vor allem anderen ist mir eins wichtig: Spiritualität ist keine rosarote Brille, die dafür sorgt, dass immer alles toll und einfach ist. Spirituell zu sein, bedeutet auch nicht, dass man irgendwann an einen Punkt gelangt, an dem einem Dinge, die uns allen im Leben widerfahren, nicht mehr schmerzen, weil wir eine Art erleuchteten Zustand erreichen. Der spirituelle Weg hat nicht zum Ziel, dass wir irgendwann sagen können: In meinem Leben gibt es keine Herausforderungen mehr, sondern nur noch pures Glück und Freude. Ich glaube, genau das verbinden jedoch viele Menschen damit – was auch dazu führt, dass spirituelle Menschen oft belächelt werden. Ich vermute zudem, dass hinter all der Skepsis eine große Angst steht. Die Angst vor dem Unbekannten. Die Angst, dass wir mehr Verantwortung übernehmen müssen für unsere Gedanken, Gefühle und Taten. Die Angst davor, Dinge in uns zu entdecken, die uns klarmachen, dass wir etwas in unserem Leben verändern und an uns arbeiten dürfen.

Wenn Spiritualität keine Flucht vor der Realität ist, was ist sie dann? Die Entdeckung unserer Wahrheit?

Das Wort „spirituell" stammt aus dem Lateinischen „spiritus", was so viel wie „Atem", „Geist" bedeutet. In vielen Kulturen und Sprachen ist der Atem ein Symbol für das Leben selbst, und dieser Grundgedanke findet sich auch im Begriff Spiritualität wieder. Im modernen Kontext bezieht sich „spirituell" auf alles, was mit dem Geist, der Seele oder unserem inneren Wesen zu tun hat, im Gegensatz zu dem, was materiell oder äußerlich ist. Ich würde es so beschreiben: Spiritualität ist die tiefe, innige Verbindung zu etwas, das weit über mich selbst hinausgeht – eine Verbindung zur Essenz meines Seins, zu einer Kraft, die alles durchdringt. Für mich persönlich ist Spiritualität ein Gefühl. Das Gefühl und der Glaube, dass ich Teil eines großen Ganzen bin – kosmischer, universeller oder göttlicher Natur. Sie spiegelt den Wunsch wider, das größere Ganze zu erkennen und meine

Rolle darin zu verstehen, die Gewissheit, dass es mehr im Universum gibt als das, was wir mit bloßem Auge sehen können. Das Bedürfnis, den tieferen Sinn und Zweck unseres Lebens zu erforschen. Spiritualität ist eine Lebensweise, basierend auf dem Verständnis, dass mein Leben und alle Erfahrungen darin in einem größeren Kontext geschehen, den ich mit meinen menschlichen Sinnen nicht immer vollständig erfassen kann. Dabei ist Spiritualität nicht in irgendwelchen starren Traditionen verankert, sondern bewegt sich frei und ungebunden. So kann jemand in einem religiösen Umfeld aufwachsen und sich trotzdem mehr spirituell als religiös identifizieren oder umgekehrt. So ist es auch bei mir. Ich bin katholisch, hatte in der Schule Religionsunterricht und habe deshalb auch regelmäßig an Gottesdiensten teilgenommen. Auch meine Oma Edith ist gerne und regelmäßig zur Kirche gegangen. Trotzdem gab es in mir schon immer eine weitere Dimension des Glaubens, die über kirchliche Regeln und Dogmen hinausgeht. Ich glaube an Gott als eine gütige Quelle der Liebe, aus der wir stammen, als eine Kraft, die wohlwollend ist, nicht strafend. Ich bin überzeugt davon, dass diese Quelle möchte, dass wir glücklich sind und leben, wofür wir hierhergekommen sind. Ob und wie genau wir das tun, bleibt uns überlassen. Es geht darum, unsere Talente und Fähigkeiten einzusetzen – zu unserem Wohle und zum Wohle anderer - weil das eine Art Heilreise ist. Alles ist mit allem verbunden. Indem wir uns selbst heilen, helfen wir auch anderen auf ihrem Lebensweg. Deshalb könnte man auch sagen, Glaube und Spiritualität, obwohl oft miteinander verknüpft, sind nicht identisch. Während der Glaube das „Was" beantwortet– an was oder wen wir glauben –, befasst sich die Spiritualität mehr mit dem „Wie" und „Warum". Wie verbinde ich mich mit diesem Glauben im Alltag? Warum suche ich nach tieferem Sinn und Zweck? Wie drückt sich mein Glaube in meinen Handlungen, Gedanken und Gefühlen aus?

Unter Spiritualität verstehe ich in diesem Zusammenhang auch die bewusste Arbeit mit meinem Geist, d. h. mit meinen Gedanken und somit auch mit meinen Gefühlen. Denn unser Geist ist mächtig. Wir haben bereits darüber gesprochen, dass es unsere Gedanken sind, die Gefühle auslösen und wir unsere Gedanken bewusst steuern und verändern, ja sogar trainieren können wie einen Muskel, und so unser Gehirn regelrecht „umprogrammieren". Das tun wir mithilfe des Journaling, in dem wir uns unsere bewussten Gedanken anschauen und unbewusste Gedankenmuster aufdecken.

Vielleicht hast du ein bestimmtes Bild oder eine gewisse Vorstellung davon im Kopf, wie spirituelle Menschen leben oder ihre spirituellen Überzeugungen ausdrücken. Vielleicht denkst du dabei an das klischeehafte Bild von Batikklamotten, Räucherstäbchen und Edelsteinen. Doch das „Wie" in Bezug auf Spiritualität kann man auf unterschiedliche Art und Weise leben und ausdrücken. Dabei muss man nicht zwangsläufig auf den ersten Blick erkennen, dass ein Mensch tiefe spirituelle Überzeugungen pflegt. Denn Spiritualität zeigt sich in alltäglichen Handlungen, z. B. in Achtsamkeit und Präsenz. Wenn du zum Beispiel bewusst isst, die Textur und Geschmack deines Essens wirklich wahrnimmst und Dankbarkeit empfindest für all die Menschen, die dazu beigetragen haben, dass dieses Essen heute auf deinem Teller gelandet ist, dann machst du aus einer simplen Handlung eine spirituelle Übung. Dafür kann ein kleiner positiver Gedanke reichen. Ebenso, wenn du deine täglichen Aufgaben mit Intention und Aufmerksamkeit erledigst. Wertschätzung ist für mich eines der Kernelemente der Spiritualität. Denn durch Wertschätzung kann sich eine Routine in ein Ritual verwandeln.

In Beziehungen kann Spiritualität durch Empathie, Mitgefühl und bedingungslose Liebe ausgedrückt werden. Wenn wir andere Menschen nicht nur als individuelle Wesen, sondern als Teil eines größeren Ganzen sehen, dann erkennen wir die Spiritualität in unseren Verbindungen zu ihnen. Es geht darum, den anderen in seinem tiefsten Kern zu sehen, und zu verstehen, dass jeder eine eigene Aufgabe erfüllt, eigene Lernaufgaben durchläuft und die eigene Göttlichkeit in sich trägt.

Auch durch Schreiben, Malen, Musik oder jede andere Form der Kreativität drücken Menschen ihre spirituelle Natur aus: Wir verbinden uns dadurch mit etwas, das größer ist als wir selbst. Ich bin mir sicher, dass du schon einmal von Texten, Liedern oder Kunstwerken so tief berührt wurdest, dass du den Eindruck hattest, das Gefühl, das dadurch in dir ausgelöst wurde oder die Sache selbst, konnte nicht von dieser Welt sein. Wie eine universelle Sprache, die aus der Tiefe unserer Seele kommt und eine Verbindung herstellt zu dem Ort, von dem wir eigentlich kommen.

Viele Menschen fühlen sich in der Natur am spirituellsten, denn in ihr können wir das Wunder des Lebens direkt beobachten. Die natürliche Welt folgt ihren eigenen Rhythmen und Zyklen, und wenn wir uns damit synchronisieren, fühlen wir uns oft verbunden, werden ruhiger und klarer.

Wenn du aufmerksam bist, kannst du in jedem Aspekt deines Lebens spirituelle Aspekte finden. Vielleicht könnte man auch sagen, Spiritualität ist Gottes Lächeln:

Ich stelle mir vor, Gott lächelt durch Worte, die uns berühren, durch Flüsse, an denen wir ruhen, durch Wiesen, auf denen wir gehen. Durch Stein und Meer und Wind. Und durch die Luft, die wir atmen. Gott lächelt durch Hände, die uns streicheln und freundliche Augen, die uns begegnen. Gott lächelt in jedem Lied und in jedem Moment der Schönheit, der Wärme oder Hilfsbereitschaft, den wir erleben. Manchmal lächelt Gott auch in Herausforderungen, Frust und Zweifeln, denen wir begegnen, weil er längst weiß, wie sehr wir daran wachsen werden. Gott lächelt überall in dieser Welt. In uns und mit uns.

Wir können sein Lächeln sehen, indem wir all den kleinen und großen Segnungen in unserem Leben Beachtung schenken. Wir können sein Lächeln beantworten, indem wir zurücklächeln. Sein schönstes Lächeln, stelle ich mir vor, lächelt Gott, wenn wir uns trauen, uns selbst ein Lächeln zu schenken. Für all das, was wir in diesem Moment sind. Und dieses Lächeln ist eines, das unsere Mitmenschen gleichermaßen berührt.

Spiritualität ist jedem Menschen zugänglich. Denn jeder Mensch trägt eine Suche nach Sinn und Bedeutung in sich, ein Streben nach Wachstum und Erfüllung. Journaling kann ab heute auch deine Art und Weise sein, dich mit deiner Spiritualität auseinanderzusetzen, sie zu entdecken und zu entscheiden, wie du sie leben möchtest.

ERKENNE DEIN WARUM

Wenn du das Warum kennst,
findet das Wie immer seinen Weg.

Quelle unbekannt

Dein Warum zu kennen, ist unendlich wertvoll. Denn es leitet und motiviert dich in allem, was du tust. Mein Warum ist der Grund, dass ich jeden Morgen aufstehe, meine Träume verfolge, trotz Hindernissen oder Niederlagen immer wieder weitermache und nie aufgebe. Mein persönliches Warum ist das Gefühl, das innere Wissen, aus einem bestimmten Grund hier zu sein. Die Gewissheit, dass ich hier bin, weil sich meine Seele erleben und wachsen möchte. Wenn du dein Warum kennst, hast du nicht nur eine klare Richtung, sondern spürst auch einen Sinn in deinem Leben. Wann immer ich mich verloren oder unsicher gefühlt habe, war es mein Warum, das mich wieder auf meinen Herzensweg gebracht und mir die Richtung gewiesen hat. Es erinnert mich daran, aus welchem Grund ich mich auf diese Reise begeben habe, was mir wichtig ist und woraus ich Kraft schöpfe. Es hilft mir dabei, Prioritäten zu setzen und Entscheidungen zu treffen. Und genau das gibt den Handlungen eine andere Tiefe und Bedeutung. Denn ich bin überzeugt davon: Es zählt im Leben nicht nur was wir tun, sondern vor allem warum wir etwas tun – also mit welcher Absicht. Und wie wir etwas tun, also mit welcher Energie. In deinem Warum steckt jede Menge Energie, die nicht nur für andere Menschen spürbar ist, sondern auch dir Richtung, Antrieb, Kraft und Motivation schenkt. Wenn du dein Warum kennst und dich immer wieder danach ausrichtest, lebst du authentisch. Dann stehen deine Taten im Einklang mit deinen Werten und Überzeugungen. Deshalb verbindet uns unser Warum auch mit anderen Menschen. Wenn wir es mit anderen teilen, so wie ich das gerade durch dieses Buch mache, finden wir Menschen mit den gleichen Werten, Träumen oder Hoffnungen. Und es finden die Menschen zu uns, die etwas Wertvolles aus unserem Tun und Sein für sich und ihren eigenen Weg mitnehmen. Wir geben etwas von uns preis und teilen es mit der Welt. Das ermöglicht es anderen nicht nur, uns besser zu verstehen und eine tiefere Verbindung zu uns aufzubauen, sondern es inspiriert und ermutigt sie auch dazu, ihr eigenes Warum zu finden und zu leben.

Dein Warum ist der Schlüssel zu einem sinnerfüllten und authentischen Leben. Es trägt die Essenz dessen, wer du bist und wer du sein möchtest. Deshalb möchte ich dich in diesem Kapitel einladen, schreibend die Verbindung zu deinem Glauben und deinem Warum zu erkunden. Vielleicht gehörst du zu den Menschen, die von sich sagen, dass sie an nichts glauben. Doch nicht an etwas Spezifisches zu glauben, bedeutet nicht, dass du keine tiefen Überzeugungen oder Werte hast. Jeder von uns hat

Überzeugungen davon, wie die Welt funktioniert, was wichtig ist und wie wir unser Bestes geben können. Vielleicht hattest du bisher noch nicht den Raum oder die Gelegenheit, deine inneren Überzeugungen zu erkunden und zu benennen. Und das ist okay. Es ist nie zu spät, dich und das, woran du glaubst, besser kennenzulernen. Es geht nicht unbedingt darum, an etwas Größeres oder Transzendentes zu glauben, sondern darum, zu erkennen, was in dir wertvoll und wichtig ist und was du für dieses Leben als bedeutsam erachtest.

Warum möchte ich meine Berufung finden?

Warum möchte ich einen bestimmten Beruf ausüben, dieser Leidenschaft folgen? Welches Gefühl schenkt es mir?

Was motiviert mich?

Warum möchte ich diese bestimmte Situation in meinem Leben verändern?

GLAUBENSSÄTZE UND ÜBERZEUGUNGEN

Die Dinge ergeben sich nicht von selbst, nur weil man einen Traum hat. Man wird immer diese negativen Gedanken haben. Unser Verstand liebt es, mit uns zu spielen - wir sind unsere eigenen schlimmsten Kritiker - aber ich sage mir einfach: ‚Lege sie zurück.' Ich versuche einfach, alle negativen Gedanken ans Licht zu bringen und mich mit ihnen auseinanderzusetzen, damit ich sie ablegen kann.

Stephen Colletti

Wenn wir uns auf diese Entdeckungsreise begeben, geht es nicht nur darum, deinen grundsätzlichen Glauben zu erkunden, sondern auch, tiefer in dich selbst hineinzublicken und zu erkennen, was du über dich selbst glaubst. Welche Überzeugungen trägst du in dir? Was glaubst du, was du kannst und wie wertvoll du bist? Denn es sind genau diese inneren Überzeugungen und Glaubenssätze, die deine Realität und wie du dich in ihr bewegst, beeinflussen. Vielleicht hältst du dich für nicht gut genug, nicht klug genug oder nicht liebenswert. Vielleicht glaubst du tief in dir, dass du es nicht verdient hast, ein Leben zu leben, das dir guttut und erfüllend ist. Doch wer hat das bestimmt? Und noch viel wichtiger: Glaubst du das wirklich? Was möchtest du stattdessen glauben?

In diesem Abschnitt geht es genau darum – dass du erkundest und hinterfragst, was du über dich selbst glaubst. Und dass du herausfindest, was du ab jetzt gerne über dich selbst glauben möchtest, auch wenn du es zum aktuellen Zeitpunkt noch gar nicht so recht glauben kannst. Durch Journaling hast du die Chance, alte Glaubenssätze loszulassen, die dir nicht mehr dienen, und neue zu entwickeln, die dich unterstützen und zu deinem Wohlbefinden beitragen. Es geht darum, dich selbst in neuem Licht zu sehen – frei von den Erwartungen und Urteilen anderer – und neue, positive Überzeugungen in dir zu verankern, die dir dabei helfen, an dich selbst zu glauben, dein Potenzial zu erkennen und dadurch all die Grenzen zu überwinden, die bis jetzt noch in dir existieren. Bestimmt trägst du auch Überzeugungen in dir, die dich stärken und dir helfen, die Höhen und Tiefen des Lebens zu meistern. Indem du deine Überzeugungen erforschst, hinterfragst und verstehst, kannst du lernen, sie zu verändern, wenn sie dir nicht mehr dienen, oder sie zu deinem Vorteil nutzen. Egal, wo auf deiner Reise du dich gerade befindest, ich lade dich ein, mit mir tiefer zu graben. Denn im Laufe unseres Lebens übernehmen wir oft Glaubenssätze von anderen – von unseren Eltern, Lehrern, Freunden und der Gesellschaft insgesamt. Ja, sogar von unseren Vorfahren. Diese tief verwurzelten Überzeugungen beeinflussen, ob wir dazu in der Lage sind, uns das Leben zu erschaffen, von dem wir sagen können: Ja, ich liebe es.

WAS SIND GLAUBENSSÄTZE?

Wer sich schon einmal mit dem Thema Persönlichkeitsentwicklung befasst hat, ist vermutlich auch dem Stichwort Glaubenssätze begegnet. Lass uns kurz darüber sprechen, was genau damit gemeint ist und wie sie entstehen:

Glaubenssätze sind unbewusste Gedankenmuster, grundlegende Annahmen oder tief verwurzelte Überzeugungen, die wir über uns selbst, andere Menschen und die Welt im Allgemeinen haben. Sie laufen in der Regel wie eine Art Computerprogramm im Hintergrund, ohne dass wir es merken. Diese Überzeugungen beeinflussen unser Denken, Fühlen und Handeln. Glaubenssätze können positiv oder negativ sein.

WIE ENTSTEHEN GLAUBENSSÄTZE?

Glaubenssätze entstehen vor allem in unserer Kindheit und Jugend, in den Jahren also, die uns besonders formen und in denen wir sehr empfänglich sind für die Einflüsse unserer Umgebung. Als Kinder sind wir wie Schwämme, die alles um sich herum aufsaugen. Unsere Familie ist dabei die erste und einflussreichste Quelle für Glaubenssätze. Eltern übertragen (bewusst und unbewusst) ihre Überzeugungen, Ängste und Hoffnungen auf ihre Kinder.

Auch Gleichaltrige, Lehrer und andere Bezugspersonen prägen unsere Glaubenssätze. Durch den Austausch mit Freundinnen und Freunden in der Schule bilden wir als Kinder Meinungen und Annahmen über soziale Rollen, Kompetenzen und unseren Selbstwert. Persönliche Erfahrungen, insbesondere emotionale Ereignisse, können starke Glaubenssätze hervorrufen. Ein traumatisches Ereignis kann beispielsweise zu dem Glaubenssatz führen, dass die Welt ein unsicherer Ort ist. Kinder lernen, indem sie beobachten und das Verhalten der Menschen in ihrem Umfeld nachahmen. So kann es passieren, dass wir in unserer Kindheit Werte, Einstellungen und Überzeugungen ungefiltert in unser Weltbild übernehmen, da wir noch nicht über dieselben kognitiven Fähigkeiten verfügen wie Erwachsene. Diese frühen Interpretationen und Bewertungen von Ereignissen bilden die Basis für Glaubenssätze, die uns langfristig beeinflussen. Sie zu erkennen und zu hinterfragen oder zu verändern, ist ein wesentlicher Schritt auf unserer persönlichen Entwicklung und spirituellen Reise.

Um Glaubenssätze zu transformieren, dürfen wir sie zunächst erkennen. Das kannst du tun, indem du regelmäßig journalst und dir deine Texte aus deinen Journaling-Übungen aufmerksam durchliest. Dadurch wirst du sehen und vor allem spüren, wo negative Überzeugungen wirken, und entlarven, welche es sind. Deshalb ist das Reflexionsschreiben nach den fünf Minuten auch so wichtig. Manchmal spüren wir das auch schon direkt beim Schreiben und gewinnen in der Reflexionsschreiben noch mal zusätzliche Erkenntnisse. Sobald du durch das Schreiben mit deiner Innenwelt in Kontakt kommst, hast du jede Menge Material, das dir zeigt, wo sich Blockaden verbergen. Das wirst du auch an deiner Wortwahl erkennen oder an Aussagen, die sich wiederholen und beim Schreiben oder Lesen starke Energie in sich tragen. Je öfter du das tust, desto schneller und einfacher wirst du in Zukunft deinen negativen Überzeugungen auf die Spur kommen. Wenn ich zurückdenke an die Zeit, als ich angefangen habe mit dem Journaling, dann ist es erschreckend für mich, wie unbewusst ich damals noch mit meinen Gedanken umgegangen ging. Es ist erstaunlich, wie negativ man den ganzen Tag denken kann, wenn man unbewusst lebt. Doch nach und nach habe ich mir meine Gedankenmuster bewusst gemacht und sie umgeformt. Je nachdem, wo du gerade stehst, erfordert es Geduld und Zeit. Doch es ist wie mit jeder neuen Gewohnheit, die wir entwickeln: Irgendwann geht es dir so in Fleisch und Blut über, dass es Spaß macht, und du erkennst, dass du die Macht über deine Gedanken hast und die Möglichkeit, alte Muster zu transformieren. Beginne also ab heute, deine Gedanken auch nach deiner Journaling-Übung zu beobachten und erkenne dadurch, was du tief in dir über dich und dein Leben glaubst.

EPIGENETIK UND AHNENTHEMEN

Neben den Erfahrungen, die wir selbst machen, gibt es noch eine weitere Dimension, durch die Glaubenssätze, Ängste und Herausforderungen in unser Leben treten können: nämlich durch das, was nicht wir selbst, sondern unsere Vorfahren erlebt haben. Vielleicht hast du schon einmal etwas von Epigenetik und Ahnenthemen gehört. Ich finde das Thema so wichtig, dass ich es auf keinen Fall auslassen möchte. Es ist ein komplexes Thema, aber ich habe versucht, es möglichst knapp und anschaulich zu beschreiben. Wenn du dich ausführlicher mit dem Thema beschäftigen willst, findest du sehr viel Literatur dazu.

Die Epigenetik ist ein Bereich der Biologie, der sich damit beschäftigt, wie Umwelteinflüsse unserer Gene beeinflussen können. Inzwischen weiß man, dass besonders intensive oder traumatische Erfahrungen unsere Gene verändern können. Das Spannende daran ist, dass diese Veränderungen an nachfolgende Generationen vererbt werden können. Wenn deine Großeltern, z. B. Krieg oder schwere Armut, erlitten und diese Erfahrungen epigenetische Veränderungen bewirkt haben, können sie an deine Eltern und eventuell an dich weitergegeben worden sein. Dieses „Erbe" kann sich auf unterschiedliche Art und Weise manifestieren, z. B. in Form von unbewussten Ängsten oder Glaubenssätzen, die tief in deinem Verhalten oder deinen emotionalen Reaktionen verwurzelt sind. Doch nicht nur Traumata, sondern auch positive Erfahrungen oder die Fähigkeit zur Resilienz können epigenetisch weitergegeben werden. So können also auch deine Glaubenssätze über Stärke, Ausdauer oder Optimismus teilweise auf die Erfahrungen und Einstellungen deiner Vorfahren zurückzuführen sein.

Wie gesagt, das Ganze ist komplex. Ich habe versucht, ein Bild zu finden, das das Feld der Epigenetik beschreibt:

Stell dir vor, in jeder Zelle deines Körpers gibt es eine winzige Bibliothek. Diese Bibliothek heißt „DNA“ und sie enthält die „Anleitung“, um dich zu der Person zu machen, die du bist: wie du aussiehst und wie dein Körper funktioniert. Sie ist voll mit Büchern über Geschichten, die dich als Mensch ausmachen. Diese Bücher enthalten jedoch nicht nur deine Lebensgeschichte, sondern auch Geschichten, die dir von deinen Eltern, Großeltern oder anderen Bezugspersonen weitergegeben wurden, deiner Ahnen und Vorfahren. Darunter können sich positive und Mut machende Geschichten befinden, aber auch Erzählungen von Angst, Trauer oder negativen Überzeugungen. Nicht jedes Buch in dieser Bibliothek wird gelesen. Manche Bücher bleiben immer geschlossen, obwohl sie schöne Geschichten für uns bereithalten. Andere werden geöffnet und alte Schauergeschichten immer und immer wieder gelesen. In diesem Bild ist die Epigenetik wie eine Art unsichtbare Bibliothekarin, die entscheidet, welche Bücher in deiner DNA-Bibliothek geöffnet und gelesen werden und welche nicht. Diese Bibliothekarin wird von Dingen beeinflusst, die um dich herum passieren, wie z. B. was du isst, wie du dich fühlst und sogar von Dingen, die deinen Eltern oder Großeltern passiert sind. Manchmal, wenn etwas Wichtiges, Intensives in deinem Leben oder im Leben deiner Familie passiert, macht die Bibliothekarin eine Notiz in einem der Bücher deiner DNA-Bibliothek. Diese Notiz erinnert deine Zelle immer wieder an dieses Ereignis. So kann ein traumatisches Erlebnis deiner Großmutter eine Notiz in ihren Büchern hinterlassen haben, die dann an dich weitergegeben wird. Denn zu deiner „Grundausstattung“ gehört eine Kopie der DNA-Bibliothek deiner Vorfahren, einschließlich einiger der Notizen, die der Bibliothekarin in den Büchern deiner Familie gemacht hat. Das bedeutet, dass manche der Geschichten in deinen Büchern nicht nur von dir handeln, sondern zu einem gewissen Teil auch von den Erlebnissen und Gefühlen deiner Familie und deiner Ahnen. Eine solche Notiz kann zum Beispiel lauten: „Immer nur hart arbeiten müssen, aber nicht leben dürfen." Dieser Satz stammt aus meinen persönlichen Erfahrungen. Ich habe ihn auf meiner eigenen Reise in die Vergangenheit entdeckt. Es sind besondere Botschaften, die auf einer tiefen Ebene gespeichert werden und in unserem Unterbewusstsein wirken.

Das Interessante an der Epigenetik ist also, dass sie uns zeigt, dass wir nicht nur von unseren eigenen Erfahrungen geprägt werden, sondern auch von Ereignissen aus unserer Familiengeschichte. Lange dachte man, dass die Geschichten in der DNA-Bibliothek jeder Zelle festgelegt sind und nicht verändert werden können. Man ging davon aus, wenn ein Buch einmal geschlossen ist, bleibt es für immer geschlossen und ein Buch, das geöffnet ist, bleibt geöffnet, und die Geschichte wird immer wieder aufs Neue erzählt.

Doch mittlerweile hat man herausgefunden, dass die unsichtbare Bibliothekarin manchmal doch Bücher öffnet oder schließt – neue und alte. Und das tut sie basierend auf Dingen, die in deinem Leben passieren – also auf neuen Erlebnissen und Erfahrungen. Das bedeutet, dass sich die Anleitungen in deiner DNA doch ändern können, je nachdem, was um dich herum und in deinem Leben geschieht und vor allem je nachdem wie du handelst und welche Erfahrungen du machst.

Du und deine Bibliothekarin können immer neue Geschichten schreiben und sogar einige der alten Notizen verändern. Wenn du zum Beispiel lernst, dass die Welt auch voller Liebe und Freude ist, kann deine Bibliothekarin eine neue Notiz hinzufügen oder eine alte umschreiben. Das bedeutet: Obwohl du einige Geschichten von deiner Familie geerbt hast, schreibst du die Geschichte deines Lebens vor allem selbst. Du entscheidest, welche Bücher gelesen werden und welche Geschichten deine wichtigsten sind.

MIT DER BIBLIOTHEKARIN KONTAKT AUFNEHMEN

Indem du neue Erfahrungen machst, kannst du Kontakt zu deiner Bibliothekarin aufnehmen, damit sie nicht immer wieder die alten Geschichten öffnet, die dir nicht guttun, sondern ab jetzt schöne, neue Geschichten. Auch regelmäßiges Schreiben kann eine solche neue Erfahrung sein. Forschungen zur Neuroplastizität haben nachgewiesen, dass Journaling eine Erfahrung ist. Eine Erfahrung, die Veränderungen in unserem Gehirn bewirkt. Denn unser Gehirn ist nicht nur das zentrale Rechenzentrum, das alles in unserem Körper steuert, es ist auch plastisch, das bedeutet formbar. Deborah Ross und Kathleen Adams (Center for Journal Therapy), die beide auch darüber forschen, welche Auswirkungen Journaling auf unser Wohlbefinden hat, haben das in ihrem Buch „Your Brain on Ink“ so ausgedrückt:

„Neuroplastizität ist die Fähigkeit des Gehirns, seine Struktur als Reaktion auf Erfahrungen zu verändern. Bei diesen Erfahrungen handelt es sich häufig um einen geistigen Prozess wie Wahrnehmen, Denken, Fühlen oder Erinnern. Oder auch um einen Prozess der Fokussierung, Aufrechterhaltung und Verlagerung der Aufmerksamkeit. Die Erfahrung kann emotionaler, sensorischer oder imaginärer Natur sein. Sie kann eine multimodale Kombination aus zwei oder mehr Prozessen sein und ist es oft auch.“[6]

Bildlich gesprochen, klingt das so: Stell dir vor, dein Gehirn ist ein großer Abenteuerspielplatz mit vielen verschiedenen Wegen und Pfaden. Diese Pfade sind wie kleine Straßen für deine Gedanken. Jedes Mal, wenn du etwas denkst oder tust, gehst du einen dieser Wege. Einige Pfade sind sehr beliebt und werden oft benutzt, andere weniger. Neuroplastizität bedeutet, dass dein Gehirn die Fähigkeit besitzt, neue Pfade zu bauen oder alte Pfade zu verändern. Und hier kommt das Journaling ins Spiel. Wenn du in ein Tagebuch schreibst, ist es, wie wenn du deinem Gehirn dabei hilfst, neue Wege zu bauen. Jedes Mal, wenn du über deine Gedanken, Gefühle oder das, was du erlebt hast, schreibst, benutzt du neue Pfade in deinem Gehirn. Im Prinzip so, als würdest du neue Abenteuerwege erkunden oder alte Wege verschönern. Und wenn du zum Beispiel über ein Problem schreibst und die richtigen Fragen zur Lösung stellst, baust du einen neuen Pfad, der dir hilft, Lösungen für Probleme zu finden. So kannst du durch regelmäßiges Journaling Kontakt zu deiner Bibliothekarin aufnehmen. Dein Gehirn sagt ihr dann, welche Bücher sie öffnen oder schließen soll, welche Geschichten umgeschrieben oder neu geschrieben werden sollen.

AHNENTHEMEN

Wenn bestimmte Muster nicht durch genetische Veränderungen weitergegeben werden, sondern durch Erziehung, beobachtetes Verhalten, familiäre Erzählungen und Traditionen, spricht man nicht von Epigenetik, sondern von Ahnenthemen. Sie sind ein Produkt der familiären und sozialen Umgebung. Bestimmte Überzeugungen oder Verhaltensweisen, die in deiner Familie über Generationen hinweg vorherrschend waren, können tief in deiner eigenen Weltanschauung verwurzelt sein, wie zum Beispiel Glaubenssätze über Arbeit, Geld, Erfolg oder Gesundheit.

So sehr wir uns das manchmal vielleicht wünschen, in Wahrheit sind wir niemals losgelöst von unseren Ahnen und unserer Familie. Sie sind nicht nur Teil unserer Geschichte, sondern auch sprichwörtlich Teil unseres Körpers. Vielleicht hattest du schon mal das Gefühl, dass bestimmte Themen, die in deinem Leben immer wieder auftauchen, gar nicht deine eigenen sind oder dass du bestimmte Ängste und Gefühle hast, von denen du dir nicht erklären kannst, woher sie kommen. Zum Beispiel ein starkes schlechtes Gewissen, ein permanentes Schuldgefühl oder ein Gefühl des Gefangenseins, obwohl es keine wirklichen Gründe dafür gibt. Diese Themen fühlen sich oft intensiver und mächtiger an, als „gewöhnliche" Glaubenssätze und hinterlassen manchmal das Gefühl, dass wir einfach nicht an den Kern der Sache herankommen, egal was wir tun. Das können auch tiefsitzende Traumata sein, Angst oder körperliche Beschwerden. Vielleicht hast du sogar manchmal den flüchtigen Eindruck, nicht wirklich dein eigenes Leben zu leben, sondern das eines anderen. Durch Journaling können wir Ahnenforschung betreiben und somit Verständnis für tiefere familiäre oder persönliche Themen entwickeln. Indem wir in unserem Journal Ereignisse, Geschichten oder Überlieferungen unserer Vorfahren festhalten, sie erkunden und reflektieren, können wir Muster und Prägungen entdecken, die bis in die Gegenwart reichen. Denn diese schriftliche Reflexion ermöglich es dir, Verbindungen zu erkennen und die Einflüsse, die unsere Ahnen auf unser Leben haben, zu verstehen und bewusst neu zu gestalten.

Auch Redewendungen oder bestimmte Ausdrucksweisen, die in deiner Familie häufig genutzt werden, können viel über die kollektive Psyche deiner Familie aussagen. Vielleicht gibt es immer wieder ausgesprochene Sätze, die eine tiefe familiäre Überzeugung oder Haltung widerspiegeln, wie etwa: „Das wird man bei uns nicht" oder „In unserer Familie wird nicht aufgegeben". Achte einmal darauf, ob Sätze, Worte oder bestimmte Redewendungen dieser Art in deiner Familie immer wieder verwendet werden. Frage dich, was diese Aussagen mit dir machen. Sie können dir aufschlussreiche Erkenntnisse geben. Wenn möglich, sprich mit Familienmitgliedern über das Leben deiner Großeltern oder Vorfahren. Finde heraus, was sie erlebt haben. Vielleicht erkennst du eine Art roten Faden, der sich durch all diese Leben zieht. Vielleicht gibt es Mitglieder deiner Familie, die immer wieder besondere Herausforderungen erlebt haben, wie z. B. Migration, Unternehmertum oder den Umgang mit bestimmten Krankheiten? Was bedeuten diese Geschichten? Was genau erzählen sie, was steckt in ihnen? Diese Muster können dir Aufschluss darüber geben, wie bestimmte Eigenschaften oder Neigungen über Generationen hinweg verstärkt wurden.

Gibt es emotionale oder psychologische Muster, die sich in deiner Familie zeigen, wie z. B. die Tendenz zu bestimmten Arten von Beziehungen oder emotionalen Reaktionen auf spezifische Themen?

Lebst du in einer Familie, in der viele Generationen gleiche oder ähnliche Berufe ausgeübt haben? Hast du vielleicht als Erster einen völlig anderen Weg eingeschlagen oder willst es tun? Stößt du deshalb auf Widerstand?

Was, wenn du der- oder diejenige bist, die jetzt die Chance, vielleicht sogar die Aufgabe hat, einen uralten Kreis zu durchbrechen, altes Trauma, alten Schmerz, zu transformieren und alte Wunden für die nächste Generation zu heilen? In den letzten Jahren hatte ich immer wieder Momente, in denen ich deutlich gespürt habe: Das ist nicht meins. Das kommt nicht von mir selbst. Beate Tschirch hat in ihrem Podcast „Sparkle and Shine" einmal den treffenden Satz gesagt: „Du bist die Ahnin der Zukunft."

Da ich nicht an Zufälle glaube, bin ich sicher, dass du diesen Zeilen nicht umsonst begegnet bist und dass du vielleicht gerade den einen oder anderen Gedanken hattest, eine Erkenntnis, ein Gefühl, dass plötzlich etwas Sinn ergibt, was bisher im Dunkeln lag. Schreibend hast du die Möglichkeit, dass alles tiefer zu erkunden und durch Fragen den Geschehnissen in deinem Leben auf die Spur zu kommen. Denn es wirkt nicht nur das, was wir aktuell in diesem Leben wahrnehmen.

Um die Schriftstellerin zu werden, die ich gerne sein wollte, durfte ich alle möglichen Überzeugungen und negativen Glaubenssätze erforschen, entdecken und wandeln. Und das mache ich auch heute noch. Manche davon ließen sich einfacher auflösen als andere. Du kannst dir diesen Prozess vorstellen wie das Auseinandernehmen einer Zwiebel, bei dem wir nach und nach an den Kern der Sache herankommen. Für manche Dinge brauchen wir mehr Zeit und Geduld als für andere, sicher auch, weil wir manchmal einfach noch nicht so weit sind, um uns mit bestimmten Themen auseinanderzusetzen. Denn um das zu tun, dürfen wir ins Fühlen gehen und das ist nicht immer angenehm. Durch die Scheidung meiner Eltern und die Familienkonstellation, die sich daraus ergeben hat, ist eine Wunde in mir entstanden, die tief in mir das Gefühl hinterlassen hat, dass ich nicht gut genug bin. Nicht gut genug, um geliebt zu sein, nicht gut genug, um erfolgreich zu sein, nicht gut genug, um Schriftstellerin zu sein. Darüber hinaus spürte ich, dass ich noch ein Thema aus einem alten Leben in mir hatte, das die Art und Weise, wie ich das Schreiben erlebte, stark beeinflusst hat. Da war immer eine Stimme in mir, die sagte: „Ich kann nicht."

Diese Stimme hat mir Gesellschaft geleistet, seit ich mit Anfang dreißig den Entschluss gefasst hatte, ein Buch zu schreiben. Da waren in mir einerseits das große Verlangen und der Wunsch zu schreiben und andererseits diese riesige Blockade, die extrem große Ängste auslöste. Ich hatte das Gefühl, ständig gegen eine übermächtige, lebensbedrohliche Welle anzukämpfen. Und im Hintergrund immer diese Stimme: „Ich kann nicht."

Ich glaube, es gibt Bücher, die schreiben sich schneller als andere. Jedes Buch hat andere Bedürfnisse und wird in unterschiedlichen Lebenssituationen geschrieben. Ich habe für meinen ersten Roman so lange gebraucht, dass ich manchmal befürchtete, die Zeit würde mir davoneilen, schneller als meine Worte es je könnten. Gleichzeitig wusste ich tief in mir, dass es hier irgendetwas aufzulösen gab und dass ich nicht aufgeben konnte.

Ich hatte so einen inneren Drang, einen so tiefen Wunsch, Bücher zu schreiben, und gleichzeitig fühlte ich mich derart eingeschränkt und blockiert dabei, als ob mir jemand Ketten an die Hände gelegt hätte. Vielleicht spürst du bei einem bestimmten Thema in deinem Leben einen ähnlich großen Widerstand, eine Spannung oder eine tiefsitzende Angst, die zwischen dir und einer großen Sehnsucht steht. Doch nur weil sich etwas schwer anfühlt, heißt das nicht zwangsläufig, dass du nicht dazu fähig bist, es zu tun.

Erkunde diesen Kontrast zwischen Angst und Sehnsucht. Manchmal liegen hinter unseren größten Ängsten die größten Chancen. Dabei dreht sich alles um deine Überzeugungen. Finde die Themen, die in deinem Umfeld präsent sind und waren. Denn sie haben dich ein Leben lang geprägt. Beschäftige dich mit diesen Themen. Bei was sagst du: „Das ist eben so. Ich bin eben so. Das ist eine Tatsache." Wo nimmst du etwas hin, das vielleicht gar keine festgeschriebene Tatsache ist, sondern eine Situation, die du wandeln kannst, indem du sie neu schreibst?

ECHTE BEDÜRFNISSE UND NEGATIVE GLAUBENSSÄTZE

Es ist entscheidend, zwischen echten Bedürfnissen und den Auswirkungen negativer Glaubenssätze zu unterscheiden, besonders in Bezug darauf, wie wir bestimmte Situationen in unserem Leben bewerten und Entscheidungen treffen. Es kann manchmal herausfordernd sein zu erkennen, ob unsere Unzufriedenheit, ein ungutes Gefühl oder ein Wunsch im Zusammenhang mit einer bestimmten Situation tatsächlich auf ein echtes, unerfülltes Bedürfnis zurückzuführen ist oder auf einen negativen Glaubenssatz. Ich nehme an dieser Stelle wieder mein eigenes Beispiel. Als ich damals den Wunsch verspürt habe zu kündigen, hat jemand zu mir gesagt, es liege bestimmt nur daran, dass ich dem Druck in diesem Job nicht gewachsen sei. Mein Wunsch zu kündigen, habe deshalb etwas mit Ängsten und inneren Überzeugungen zu tun. Diese Person arbeitete mit mir im gleichen Unternehmen. Damals hat mich diese Aussage verunsichert. Sie hat dazu geführt, dass ich mich gefragt habe, ob irgendetwas mit mir nicht stimme, ob ich einfach zu schwach und zu sensibel für diese Arbeit und diese Art von Alltag sei. Schlimmer noch: was ich an mir ändern müsse, um der Mensch zu werden, für den dieser Job passend ist. Ich habe überlegt, ob es negative Überzeugungen in mir gibt, die mich davon abhalten, diesen Job und ein Leben toll zu finden, das für andere so erstrebenswert ist. Das, was in unserer Gesellschaft als „normal" bezeichnet wird, muss aber nicht unbedingt das sein, was auch für mich richtig und gesund ist. Trotzdem habe ich für eine Weile darüber nachgedacht, ob ich vor irgendetwas fliehen möchte. Nach einiger Zeit konnte ich jedoch mit Sicherheit sagen, dass es keine Flucht war. Es gab keine negativen Glaubenssätze in Bezug auf meine Arbeitssituation. Vielmehr habe ich ein echtes Bedürfnis in mir gespürt, weil ich durch Journaling vieles über mich herausgefunden hatte, z. B., dass meine Werte nicht mehr zu dem Leben passten, das ich führte.

Es ist kein Versagen, aufgrund einer großen Unzufriedenheit einen neuen Weg einzuschlagen. Das Gegenteil ist der Fall. Aus meiner Sicht hätte ich versagt, hätte ich nicht auf mein Herz gehört. Und das sagte nicht nur mein Verstand, das habe ich mit jeder Faser meines Körpers gespürt und tief in meinem Herzen gefühlt.

Es kommt also darauf an, die echten Bedürfnisse zu erkennen und sie von hindernden inneren Überzeugungen zu unterscheiden. Ein echtes Bedürfnis manifestiert sich oft in starken, authentischen Gefühlen, die konstant sind und sich nicht einfach durch Umdeuten oder positive Affirmationen auflösen lassen. Wenn du dich, z. B. in deinem Job unglücklich fühlst, könnte dies ein klares Zeichen dafür sein, dass grundlegende Bedürfnisse – wie das nach sinnvoller Arbeit, Wertschätzung oder persönlicher Entwicklung – nicht erfüllt werden.

Ein weiterer Hinweis ist die Dauerhaftigkeit und Konsistenz dieser Gefühle. Echte Bedürfnisse verursachen oft anhaltende Unzufriedenheit oder Frustration, wenn sie nicht erfüllt werden. Negative Glaubenssätze dagegen können manchmal schon durch Reflexion, Bewusstwerdung und aktives Verändern der Denkweise gelöst oder gemildert werden.

Frage dich, ob die Unzufriedenheit in verschiedenen Aspekten deines Lebens auftaucht oder spezifisch ist für eine bestimmte Situation. Erkunde die Hintergründe deiner Gefühle und Bedürfnisse. Erforsche, ob sie in bestimmten Mustern auftauchen. Versuche zu verstehen, ob deine Emotionen aus deinen tiefsten Wünschen und Werten stammen oder ob sie durch äußere Einflüsse oder negative Glaubenssätze geformt wurden. Wenn ich beispielsweise denke: „Ich brauche viel Zeit zum Schreiben eines Buches“, kann das ein negativer Glaubenssatz sein oder einfach ein Teil von mir, ein Teil meiner Persönlichkeit und wie ich als Mensch „funktioniere“.

Es ist wichtig, echte Bedürfnisse ernst zu nehmen und ihnen nachzugehen, statt sie als Auswirkungen negativer Glaubenssätze abzutun. Das Journaling kann dir dabei helfen, ein Gefühl für den richtigen Zeitpunkt zu entwickeln. Es gibt einen Unterschied, ob ich fühle, dass es noch nicht an der Zeit ist, für ein bestimmtes Buch, das ich gerne schreiben möchte oder ob es sich um eine Blockade handelt, die mich davon abhält, weil noch irgendwelche Ängste und Muster in mir leben. Ich glaube daran, dass wir immer zur richtigen Zeit am richtigen Ort sind und sich die Dinge für uns auch in der richtigen Reihenfolge ergeben.

Weißt du, wie oft ich versucht habe, Dinge umzusetzen oder etwas zur forcieren, obwohl es einfach noch nicht an der Zeit war? Das wird uns oft erst rückblickend klar. Manchmal brauchen wir einfach noch bestimmte Erfahrungen.

Behalte das im Hinterkopf und beziehe solche Überlegungen mit ein, wenn du dich mit deinen Bedürfnissen und Glaubenssätzen beschäftigst. Sei ehrlich zu dir selbst, dann wirst du herausfinden, worum es in deiner aktuellen Situation wirklich geht. Durch Journaling kannst du lernen, zwischen der Stimme deiner Intuition, deinen Bedürfnissen und deinen negativen Glaubenssätzen zu unterscheiden.

ERKENNE DEINE ROLLE IN DER WELT

Zu schreiben heißt, herauszufinden, woran du glaubst.

David Hare

Glaubst du, dass es wichtig ist, deinem inneren Ruf zu folgen? Glaubst du, dass du wichtig bist für die Welt? Wenn du mir diese Fragen vor ein paar Jahren gestellt hättest, ich hätte sie ganz sicher mit Nein beantwortet. Ich habe sehr viele Dinge über mich geglaubt, aber sicher nicht, dass ich erstens wichtig bin für die Welt und zweitens eine Gabe besitze, die ich dafür einsetzen kann.

Heute sehe ich das anders. Ich weiß, dass ich nicht imstande dazu bin, die ganze Welt zu verändern. Doch durch mein Tun kann ich ein paar Leben berühren und positiv beeinflussen. Das erfahre ich durch E-Mails meiner Leserinnen und erlebe es hautnah in meinen Journaling-Workshops. Auch wenn du (noch) nicht an dich oder an die Tatsache glaubst, dass auch in dir etwas schlummert, das von großer Wichtigkeit ist - ich tue es. Ich kenne dich nicht. Aber ich glaube an dich. Ich bin überzeugt davon, dass du wichtig bist, dass dein Tun und dein Wirken einen entscheidenden Unterschied machen für diese Welt. Für Menschen, die nur darauf warten, dass du ihr Leben berührst, so wie ich gerade deins berühre.

In einem Werbespot habe ich letztens den Spruch gehört: „Es braucht nicht viel, aber es braucht viele." Das beschreibt gut, was ich meine. Denn ich glaube, wir brauchen viele Menschen, die tun, was sie lieben, um die Welt zu einem besseren Ort zu machen. Vielleicht kennst du das Gefühl von Weltschmerz, das einen immer wieder einmal überkommt. Dieses Gefühl der Traurigkeit, das einen in der aktuellen Zeit viel zu oft überrollt, wenn man sich der Unzulänglichkeit der Welt bewusst wird und der eigenen Unfähigkeit, eine echte Veränderung zu bewirken. Ein Gefühl der Hoffnungslosigkeit, ja sogar Resignation. Wir leben in einer sehr komplexen und häufig eher entmutigenden Welt. Da kann es passieren, dass sich der Weltschmerz sehr groß anfühlt. Weißt du, was ich mache, wenn mich dieses Gefühl der Ohnmacht wieder einmal überkommt? Ich erinnere mich daran, dass ich zwar nicht die Macht besitze, die ganze Welt zu verändern, aber dass ich das mir Mögliche tun kann, um meine Gabe einzusetzen und in dem Kreis zu wirken, in dem ich wirken kann.

Manchmal weine ich, wenn ich Nachrichten anschaue, weil ich nicht fassen kann, was alles geschieht. In diesen Momenten denke ich kurz, dass es banal ist, was ich hier tue. Wenn ich aber an die vielen Menschen denke, die nicht das Glück hatten, wie ich in einem friedlichen Land oder mit Eltern aufzuwachsen, die ihnen eine gute Ausbildung ermöglichen konnten – diejenigen, die unter Umständen leiden, die ich mir kaum vorstellen kann, sehe ich meine eigenen Möglichkeiten in einem anderen Licht. Und es treibt mich an, diese Möglichkeiten zu nutzen, um dort zu helfen, wo ich kann. Ich will, dass, wie Erma Bombeck es in ihrem Zitat so schön ausgedrückt hat, „kein bisschen mehr von meinem Talent übrig ist und ich alles aufgebraucht habe", wenn mein Leben endet.

Würde es der Welt helfen, wenn ich damit aufhören würde, zu tun, was ich liebe, weil in der Welt so viel Grausames geschieht? Ich glaube nicht. Im Gegenteil. Vielleicht ist es nämlich genau das, was wir tun können: unser Talent, unsere Seelenaufgabe zu leben. Deshalb möchte ich dich dazu ermutigen, dein individuelles Licht - dein Talent, deine Liebe, deine Inspiration – zu leben, denn es ist mehr als notwendig, auch wenn es dir im größeren Kontext der globalen Probleme klein erscheinen mag.

Der Planet braucht keine „erfolgreichen Menschen“ mehr. Der Planet braucht dringend Friedensstifter, Heiler, Erneuerer, Geschichtenerzähler und Liebende aller Arten.

Dalai Lama

Vielleicht hast du das Gefühl, dass in der Welt so viel im Argen liegt, dass es keinen Unterschied macht, ob du nun deine Berufung lebst oder nicht. Doch, tut es. Es ist von ungeheurer Wichtigkeit, das du tust und lebst, wofür du hierhergekommen und diese Reise angetreten bist – auch wenn es dir unbedeutend erscheint. Stell es dir vor wie konzentrische Kreise, die entstehen, wenn du einen Stein in einen ruhigen See wirfst.

Ein Beispiel: Ich schreibe ein Buch. Dieses Buch fällt jemandem in die Hände, dem es gerade nicht gut geht. Derjenige sucht nach Antworten. Ein Satz in diesem Buch weckt ein Gefühl, das wiederum zu einem neuen Gedanken bei dieser Person führt. Diese Person fühlt, z. B. den Mut, eine bestimmte Sache anzusprechen und einen Konflikt zu lösen. Das wiederum macht etwas mit der Person, die angesprochen wird. Und so weiter. Ich weiß, dass solche Dinge passieren, weil ich Nachrichten von Menschen erhalte, die mir davon erzählen. Die mir schreiben, sie haben wegen des Buches ihren ganzen Mut zusammengenommen und etwas angesprochen. Oder sie haben den Stift auf das Papier gesetzt und durch einen meiner Schreibimpulse etwas für sich beantwortet, worauf sie von sich aus nicht gekommen wären. Das macht mir natürlich auch meine große Verantwortung bewusst. Du hältst gerade mein Buch in der Hand und liest meine Worte. Was ich aufgeschrieben habe, erreicht dich und bewirkt vielleicht, dass du bald den Stift auf das Papier setzt.

Für mich ist das eine gewaltige Sache. Ich sitze hier zu Hause und tue, was ich liebe. Du wirst schreiben und dadurch zu neuen Gedanken und Erkenntnissen gelangen und das wird Auswirkungen haben auf dein Handeln. Dein Handeln beeinflusst das Leben der Menschen um dich herum. Vielleicht wirst du das Buch, nachdem du es zu Ende gelesen hast, an jemanden weiterempfehlen, dessen Leben es ebenso verändert. Und das bedeutet, dass wir nicht nur ein Leben berühren, sondern sich unser Tun oder Nicht-Tun auf viele Menschen auswirkt.

In Gesprächen mit Menschen, die gerne ihrer Leidenschaft folgen möchten, höre ich oft Sätze wie: „Aber es gibt doch schon so viele, die das machen." Ja, aber nicht auf deine Weise. Und ein paar Handvoll Menschen reichen auch nicht aus. Es braucht viele Menschen. Weil es viele Menschen gibt, die auf dem Weg sind. Und weil es so viele unterschiedliche Menschen gibt, ist es gut, dass es jeder auf die eigene Weise tut. Denn wir lernen am besten von den Menschen, mit denen wir in Resonanz gehen. Und es wird immer, wirklich immer Menschen geben, die mit dir in Resonanz gehen. Mit dir und deiner Geschichte.

Selbst wenn du nur ein paar wenige Menschen direkt erreichen würdest: In Wahrheit sind es immer mehr als die, von denen du weißt. Denn alles ist miteinander verbunden, und was wir tun, zieht viel weitere Kreise, als wir uns vorstellen können. Wir dürfen unsere Perspektive weiten, denn nicht immer erfahren wir, welche Kreise unser Handeln wirklich zieht. Stell dir vor, viele Menschen tun genau das, wofür sie hergekommen sind. Immer mehr. Stell dir vor, wir sind konzentrische Kreise, die sich immer weiter ausbreiten. Deshalb kannst du mein Buch auch als eine Art Aufruf betrachten: Menschen gesucht, die jetzt ihre Seelenaufgabe antreten! Wenn du auf ein

Zeichen gewartet hast: Hier ist es! Ich fasse dich am Ärmel, rüttle an dir und sage:

Es ist gut, diese Sehnsucht zu fühlen.

Es ist o. k., es ist richtig.

Es ist an der Zeit.

Nach allem, was du jetzt über Epigenetik, Ahnenthemen und unsere Überzeugungen gelesen hast, betrachte die Arbeit an dir selbst und deinen Lebensweg mal aus dieser Perspektive:

Es gibt ein kollektives Gedächtnis, eine kollektive Weltenseele, wenn du so willst. Alles ist mit allem verbunden. Ob wir es wollen oder nicht: Wenn wir an uns arbeiten, arbeiten wir auch am kollektiven Bewusstsein. Wie kraftvoll muss es also sein, wenn wir uns bewusst dafür entscheiden, alte Kreise zu durchbrechen? Wie machtvoll sind wir, wenn wir uns dazu entscheiden, die Ahninnen und Ahnen der Zukunft zu sein, die Heilung in uralte Überzeugungen bringen, die Traumata lösen? Denn damit bewirken wir, dass diese Muster nicht mehr an die nächste Generation weitergegeben werden.

Aus dieser Perspektive betrachtet, ist es offensichtlich, dass wir sehr wohl Einfluss auf die Welt haben. Was löst der Gedanke in dir aus? Wie fühlt es sich an, wenn du dir vorstellst, dass das, was du jetzt lebst und erfährst, nicht einfach so verpufft, sondern sich auf deine Nachfahren auswirkt und deren Leben beeinflussen könnte? Was macht die Vorstellung mit dir, dass sich das, was du jetzt in diesem Leben tust, auf viele weitere Leben auswirkt, die nach dir existieren?

Es gibt so viel mehr, als das, was unser Verstand gerade imstande ist zu erfassen. Da ich an Reinkarnation glaube, erlaube ich mir manchmal den Spaß, mir vorzustellen, dass sich das, was ich jetzt tue, auch auf eines meiner eigenen späteren Leben auswirkt. Was, wenn dir jetzt in diesem Leben Bücher, Kunstwerke oder andere Dinge begegnen, die du selbst in einem früheren Leben erschaffen hast und dir heute Inspiration schenken? Was, wenn etwas, was du dir im Museum anschaust, irgendwann einmal durch deine Hände gegangen ist?

Vielleicht inspiriert dich eine Persönlichkeit aus der Vergangenheit. Was, wenn du dein eigenes Vorbild bist? Ist das völlig unvorstellbar oder könnte es wahr sein, dass du deinem Schaffen aus einem früheren Leben schon einmal in diesem Leben begegnet bist?

Ich denke wieder an die Kunstbücher im alten Bauernschrank meiner Mutter. Van Gogh war zu seiner Zeit ein verkannter Künstler. Und doch haben seine Werke so viele Menschen, die nach ihm gekommen sind, berührt. Bis heute inspiriert er uns durch seine Kunst. Wie möchtest du gerne das Leben anderer Menschen berühren, nicht nur in diesem Leben? Denke einen Schritt, eine Generation, viele Generationen weiter.

Was, wenn dein Tun Generationen inspiriert? Van Gogh war zu Lebzeiten nicht sonderlich erfolgreich oder gar berühmt, er hat auch nicht viel Geld mit seinen Werken verdient, die heute ein Vermögen wert sind. Hat er deshalb aufgehört zu malen?

Was wir in diesem Leben erschaffen, könnte uns also auch selbst einmal in einem anderen Leben wiederbegegnen. Auch wenn du etwas leidenschaftlich gerne tust, das vielleicht nicht erfolgreich ist (in dem Sinn, wie du Erfolg definierst): Es könnte so viel mehr bewirken, als dir jemals bewusst ist. Nimm diese Vorstellung einmal mit, wenn du dich schreibend mit deiner Seelenaufgabe, mit deiner Leidenschaft und deinem Talent beschäftigst.

Jeder hat Talent

Jeder hat Talent. Was jedoch selten ist, ist der Mut, dem Talent an den dunklen Ort zu folgen, an den es führt.

Erica Jong

Jeder hat in irgendeinem Bereich eine besondere Fähigkeit, eine Begabung, ein Talent. Und ich bin sicher, du spürst deines.

Als ich angefangen hatte, mich bewusst mit dem auseinanderzusetzen, was in mir steckt, habe ich gespürt, dass ich Schriftstellerin sein möchte. Nichts hat mir mehr Freude gemacht, als zu lesen und Tagebuch zu schreiben. Seit die Möglichkeit in mein Bewusstsein gerückt ist, dass ich Schriftstellerin sein könnte, ist dieser Wunsch jedes Mal größer geworden, wenn ich ein Buch zur Hand genommen habe. Wenn ich Romane oder Ratgeber gelesen habe. Vor meinem ersten kreativen Schreibworkshop hatte ich nie darüber nachgedacht, weil ich überzeugt war, dass ich niemals Bücher schreiben könnte. Doch in meinem ersten Workshop, in dem es um kreatives Schreiben ging, wurde ein neues Bewusstsein in mir geweckt. Durch das Journaling ist mir nach und nach klar geworden, dass mein Talent zu schreiben schon immer präsent war – in dem, was ich am liebsten getan habe und was mich schon immer faszinierte. Und das waren von Anfang an Worte. Schon als Kind habe ich gern und viel gelesen. Ich erinnere mich so gut an die Zeit, die ich in der kleinen Bibliothek in meinem Heimatort verbracht habe. Bücher haben mir neue Perspektiven geschenkt und zu neuen Erkenntnissen geführt. Als meine Mutter krank wurde und schließlich starb, haben Bücher mir Halt gegeben und mich getröstet. Wusstest du, dass es sogar einen Begriff dafür gibt? Bibliotherapie: die Heilkraft des Lesens.

Schon immer war ich eine Träumerin, ein „Luftikus", wie meine Mama immer gesagt hat. Stundenlang konnte ich mich verlieren in Kunst, Musik und Songtexten, bin mit Kopfhörern auf den Ohren durch die Straßen geschlendert und habe mich irgendwo hingeträumt. Doch ich habe das nie als Stärke oder Fähigkeit wahrgenommen. Luftikus oder Träumerin genannt zu werden, ist in unserer Welt nicht unbedingt positiv besetzt. Inzwischen weiß ich, dass es genau diese Fähigkeiten sind, die mich dahin geführt haben, wo ich heute bin. Heute verstehe ich, dass es das ist, was mir dabei hilft, meine Bücher zu schreiben und groß zu träumen, was meine eigenen Möglichkeiten betrifft. Wenn mir jemand sagt, dass etwas nicht geht, dann macht sich mein Verstand auf die Suche, weil er sicher ist, dass es eine Lösung gibt.

Wenn ich gefragt wurde, was ich nach der Schule gerne machen möchte, habe ich immer gesagt: „Auf jeden Fall irgendwas mit Sprachen." Doch ich hatte damals an klassische Berufe gedacht, und so habe ich an einer Fremdsprachenschule eine Ausbildung zur Europakorrespondentin gemacht und später International Business Communication studiert. So führte immer alles zu Sprache, Kommunikation und Ausdruck.

Ich erzähle dir das, weil ich es bis heute faszinierend finde, dass ich nie auf den Gedanken gekommen bin, Schriftstellerin zu werden und erst monatelang verzweifelt auf der Suche danach war, worauf ich mich in Zukunft gerne konzentrieren wollte. Ich erzähle dir das, weil ich dich dazu ermutigen möchte, tiefer zu blicken, nicht nur in dich, wie du jetzt bist, sondern auch in deine Vergangenheit. Ich glaube, dass unsere Talente längst in unserer Geschichte verborgen liegen. Wir dürfen sie nur wieder entdecken, sie uns auf dem Papier erzählen. Journaling kann dir dabei helfen, das offenzulegen, was dir zum jetzigen Zeitpunkt nicht bewusst ist. Manchmal können die Dinge offensichtlich sein, und wir nehmen sie dennoch nicht wahr. Oder es liegen so viele negative Überzeugungen auf dem Thema, das wir die Möglichkeiten, die sich uns bieten, gar nicht in Betracht ziehen. Und oft erkennen wir nicht, dass vermeintliche Schwächen in Wahrheit unsere Talente sind, die uns dazu befähigen, etwas ganz anderes zu leben, als wir es bisher tun. Natürlich hätte ich viele andere Wege wählen können, z. B. Journalismus oder Literatur studieren, und es hätte noch andere Berufe gegeben. Doch was eben auch zählt, sind unsere Bedürfnisse und Wünsche. Kurz bevor ich mein erstes Buch geschrieben habe, hatte ich mir immer vorgestellt, wie vielleicht eines Tages jemand mit meinem Buch im Bett sitzt und dankbar ist, dass diese Geschichte geschrieben wurde. So wie ich für die Bücher vieler anderer Autoren dankbar bin. Oder dass jemand meinen Ratgeber liest und dadurch Erleichterung findet und meine eigenen Erfahrungen anderen in einer schweren Zeit weiterhelfen. Frage dich also, bei was du so ein Kribbeln in dir fühlst, eine Sehnsucht, etwas Bestimmtes zu tun.

In mir war da jedenfalls der Wunsch, andere zu inspirieren. Und heute bekomme ich genau das sehr oft als Feedback: dass ich jemanden inspiriert habe, dies oder jenes zu tun.

Leider hatte ich damals noch sehr viele negative Gedanken und Überzeugungen in mir, die allesamt dagegensprachen, meiner Sehnsucht zu folgen. Ganz zu schweigen von der Hoffnung, eines Tages vom Schreiben leben zu können. Denn das Tagebuchschreiben war für mich die eine Sache. Aber das Schreiben eines Buches eine ganz andere.

Einige dieser Überzeugungen hatte ich auf jeden Fall von meiner Familie übernommen, andere aus der Schule. Und bei manchen hatte ich keine Ahnung, woher sie eigentlich kommen.

Da waren Glaubenssätze in mir wie:

- ***Ich kann nicht schreiben.***
- ***Schreiben fällt mir schwer.***
- ***Schreiben ist eine brotlose Kunst.***
- ***Es ist schwer, ein Buch zu schreiben. Das können nur wenige und die sind so etwas wie Genies.***
- ***Mach lieber was Vernünftiges.***
- ***Vom Schreiben kann man nicht leben.***
- ***Künstler sind schwierige Menschen.***
- ***Künstler sind komische Menschen.***
- ***Mein Leben war noch nicht hart oder ereignisreich genug, dass ich etwas zu erzählen hätte.***

Der Drang herauszufinden, was ich wirklich mit meinem Leben anfangen möchte, war aber so stark, dass ich diese Überzeugungen unbedingt entkräften wollte. Denn nach meinem ersten Schreibworkshop hatte ich entdeckt, dass es neben dem, was mir im Deutschunterricht begegnet ist, noch eine andere Art zu schreiben gibt, die mir liegt.

Talent allein reicht meistens nicht aus. Um das volle Potenzial dieses Talents zu entfalten, ist es oft notwendig, sich auch den dunklen, unbekannten oder schwierigen Aspekten des Lebens zu stellen. Das können Unsicherheiten, Selbstzweifel, Ängste oder andere Hindernisse sein, die du überwinden darfst. Es könnte auch bedeuten, dass du unbequeme Wahrheiten über dich selbst akzeptieren darfst. Ich glaube, genau hier liegt das große Missverständnis. Viele Menschen glauben, man erkenne das eigene Talent daran, dass der Weg plötzlich ganz einfach ist und dass sich das, was man tut, ausnahmslos leicht anfühlt. Doch das muss nicht immer so sein. Im Gegenteil. Erinnern wir uns an das Zitat von Erica Jong vom Anfang dieses Kapitels: „Jeder hat Talent. Was jedoch selten ist, ist der Mut, dem Talent an den dunklen Ort zu folgen, an den es führt."

Diese dunklen Orte, so interpretiere ich Jongs Gedanken, stellen unsere negativen Überzeugungen dar. Es sind die Geschichten, die wir uns erzählen und die wir von uns glauben. Die Geschichten, die uns hindern, überhaupt daran zu glauben, dass wir ein Talent haben, und loszuziehen, um in es hineinzuleben. So, wie ich über mich geglaubt habe, dass ich nicht schreiben kann. So, wie ich überzeugt davon war, dass man lieber etwas Vernünftiges machen sollte, weil Kunst keine richtige Arbeit sei. Ich wollte das nicht glauben. Ich bewunderte Menschen, die von ihrer Kunst lebten. Doch es gab einen Teil in mir, der sich nicht erlaubt hat, Schriftstellerin zu sein, weil er glaubte, nur harte und anstrengende Arbeit sei wertvoll. Ein Job, der Freude macht und sich leicht anfühlt? Nein. Es darf bloß nicht zu leicht sein. Und solange ich das glaubte, war es auch tatsächlich so. Schreiben, so sehr ich es liebte, war ein Kampf. Jedes Mal, wenn ich versucht habe, zu schreiben spürte ich innere Blockaden am ganzen Körper. Deshalb hat es für mein Empfinden auch sehr lange gedauert, bis mein erster Roman fertig war. Ich habe mich oft vor dem Schreiben gedrückt, weil ich glaubte, ich sei nicht gut genug. Ich habe die Dinge unnötig hinausgezögert und viel mit mir gehadert. Weil ich Angst davor hatte. Deshalb habe ich mir Hilfe geholt und einen Schreibkurs belegt, in dem ich gelernt habe, wie man überhaupt einen Roman schreibt. Anschließend hatte ich einen tollen Schreibcoach, der mir half, es durchzuziehen, der mir Mut gemacht hat und der – vor allem – an mich geglaubt hat, bevor ich es konnte.

Jeder Mensch hat ein Talent, doch vielleicht sind nur wenige bereit, die Risiken einzugehen und den Herausforderungen zu begegnen, die damit verbunden sind, die eigenen Talente zu verwirklichen. Es erfordert Mut, Entschlossenheit und die Bereitschaft, sich den dunklen Teilen unserer Reise zu stellen. Sie fordern uns auf, unser Talent nicht nur zu erkennen, sondern in seiner ganzen Tiefe zu erforschen.

Wir können sein, wozu wir bestimmt sind. Und ich glaube, tief in uns wissen und fühlen wir, dass es in diesem Leben eine bestimmte Auf-GABE für uns gibt. Doch viel zu oft versuchen wir jemand zu sein oder zu werden, der wir in Wahrheit nicht sind. Dann leben wir unter unseren eigentlichen Möglichkeiten.

Vielleicht, weil die Gesellschaft uns einem gewissen Druck aussetzt. Vielleicht weil wir – bewusst oder unbewusst – die Erwartungen bestimmter Familienmitglieder erfüllen möchten. Oder eben, weil wir schlicht und einfach nicht daran glauben, dass wir wertvoll sind für diese Welt.

Tu was Vernünftiges. Etwas, das als „seriös“ oder ordentlich gilt. Etwas, das den anderen gefällt.

In meinem Umfeld hat damals kaum einem gefallen, was ich getan habe. Das war sehr schmerzhaft für mich. Ich dachte, die Menschen um mich herum würden sich für mich freuen. Stattdessen ging so etwas wie eine Welle des Schocks und der Unsicherheit durch die Reihen. Heute hätte ich andere Antworten parat als damals. Ich würde wohl sagen: „Lebst du in meinem Körper, mit meiner Seele? Machst du meine Erfahrungen, oder woher weißt du so genau, was gut für mich ist?“

Wenn ich ehrlich bin, waren die Reaktionen der anderen auch die Gedanken, die immer noch in mir selbst lebten, obwohl ich den Schritt gewagt hatte. Manchmal fühlte ich mich wie eine

Drahtseiltänzerin. Ich wusste nicht, ob es ein unmögliches, unvernünftiges Unterfangen war oder genau das Richtige.

Doch da war immer meine Intuition, dieses Gefühl in mir, das fest daran glauben wollte: Das kann es nicht gewesen sein. Es muss eine andere Möglichkeit, einen anderen Weg geben, auch wenn ich keine Ahnung habe, wie er aussieht.

Ich habe mich dafür entschieden, diesem zarten Gefühl in mir mehr Vertrauen zu schenken als den lauten Stimmen von außen. Und solange ich selbst auf der Suche war, brauchte ich Abstand von Menschen, die in mir diese Zweifel schürten.

Worauf ich hinauswill: Ich glaube, dass wir aufgrund unserer Talente und unserer Aufgabe für dieses Leben auch mit ganz bestimmten Bedürfnissen ausgestattet wurden. Zusammen ergeben sie etwas Einzigartiges, das wir der Welt anzubieten haben. Und der Versuch, unsere Talente zu missachten, ist ein unmögliches Unterfangen. Auf lange Sicht wird es dich mehr Energie und Kraft kosten gegen deine innere Wahrheit anzukämpfen, als den Schritt zu wagen.

Wir können all das sein, was wir uns aus tiefstem Herzen wünschen, weil es von Geburt an in uns angelegt ist. Du kannst im Leben alles sein - das ist eine Art Leitsatz, der in meinem Newsletter als Schlusswort steht. All das, wovon du träumst. Nicht oberflächlich träumst. Sondern wonach du tief in dir ein Sehnen spürst. Diese Sehnsucht wurde uns nicht umsonst gegeben. Und ich bin fest davon überzeugt, dass uns nicht nur das Talent gegeben wurde, sondern auch die Möglichkeit, etwas daraus zu machen. Welchen Sinn hätte es, wenn wir zwar mit einer Gabe ausgestattet wären, aber vom Leben nicht auch die Chancen und Gelegenheiten bekämen, etwas daraus zu machen?

Journaling hilft dir, Klarheit darüber zu erlangen, wer du sein und wie du leben möchtest. Dann kannst du dich für die Liebe zu dem, was du bist, entscheiden. Meine Talente zu entdecken und zu leben, würde ich heute als eine Hoffnung auf eine ganz bestimmte Sache bezeichnen: Freiheit. Ich bin mit der Hoffnung losgezogen, mich frei zu fühlen.

Wenn wir etwas tun, das unsere Talente zum Strahlen bringt, werden wir mit einem Gefühl der Freiheit beschenkt. Weil wir nicht ständig gegen unser eigentliches Naturell ankämpfen.

Vielleicht bist du ein Mensch, der feste Strukturen und vorgegebene Arbeitszeiten braucht, weil es dir Sicherheit schenkt. Vielleicht ist genau das Gegenteil der Fall und es schnürt dir die Kehle zu, wenn du nur an Vorgaben denkst. Vielleicht feierst du es, ohne Kollegen allein von zu Hause aus zu arbeiten, oder es graust dir davor, weil du die Gesellschaft von anderen liebst und brauchst. Lerne dich kennen und finde heraus, was du brauchst. Es ist zunächst nicht entscheidend, ob du glaubst, dass es auch umsetzbar ist. Im ersten Schritt geht es darum, ehrlich mit dir zu sein und zu träumen. Richtig wild zu träumen. Genau jetzt ist die richtige Zeit dafür.

Oft wissen wir zwar, welche Bedürfnisse wir haben. Doch wir bleiben, wo wir sind, weil wir glauben, dass sich unsere Bedürfnisse in dieser Welt nicht erfüllen lassen. Ich wollte, dass die ganze Welt mein Büro ist, und habe geglaubt, es geht nicht. Diesen Satz habe ich sogar in den ersten Wochen meiner Auszeit in mein Tagebuch geschrieben. Wenn ich möchte, kann ich von überall aus arbeiten.

Sei also offen für alle deine Möglichkeiten. Denn wenn du beginnst zu journaln, werden sie sich zeigen. Es werden dir Botschaften gezeigt und Gelegenheiten geschenkt.

Schreibe auf, was du wirklich willst. Nicht, das was du glaubst, ist möglich. Sondern was du gerne glauben möchtest.

Und dann schreibe auch darüber, was du über deine Bedürfnisse und Wünsche denkst. Was, glaubst du, könnte möglich sein? Was glaubst du, geht nicht?

DEIN WEG, DEINE GESCHICHTE

Wanderer, es gibt keinen Weg,
der Weg entsteht beim Gehen.

Antonio Machado

Als ich damals den Wunsch in mir spürte zu kündigen, glaubte ich, dass ich den Schritt erst dann wagen könne, wenn ich genau wüsste, was ich als Nächstes tun, wohin ich gehen und wie viel ich damit verdienen würde. Ich wollte meine Situation kontrollieren, mich in Sicherheit wiegen und am besten die Zukunft voraussehen. Und ich wollte meinem Umfeld etwas Konkretes anzubieten haben. Ich wollte nicht sagen: „Keine Ahnung, was ich nun tun werde. Und ich weiß auch nicht, wie lange es dauert, bis ich es weiß." Denn das hätte bedeutet, eine Art Geständnis abzulegen: „Ich weiß nicht mehr, wer ich bin und was ich will." Mir und alle anderen hätte es ein Gefühl der Sicherheit geschenkt, hätte ich sagen können: „Schau mal, ich habe einen neuen Job, den ich in X Tagen beginne. Alles gut." Doch ich wusste es nicht.

Die Wahrheit ist, dass wir im Voraus nie wissen, wie unser Weg aussehen wird. Vielleicht kennen wir die Richtung, in die wir aufbrechen, aber wir haben einfach nicht die Macht, mit Adleraugen den ganzen Weg im Voraus abzusehen. Es ist ein bisschen so, als ob das Leben dir sagt: „Ich löse den Nebel erst auf, wenn du den ersten Schritt machst. Und zwar nicht den ganzen, sondern immer nur ein Stückchen. Damit du lernst zu vertrauen." Der Weg entsteht im Gehen.

Eine ähnliche Erfahrung können wir auch beim Journaling machen: Manchmal lesen wir einen Schreibimpuls und sind uns sicher, dass wir die Antwort schon längst kennen oder dass wir dazu nichts groß zu sagen haben. Also umgehen wir es, uns die Mühe zu machen, die Frage schriftlich zu beantworten. Dabei wird man immer, wirklich immer überrascht und man hätte vorher nie all das „denken" und „fühlen" können, was sich zeigt, wenn man tatsächlich anfängt zu schreiben.

ERINNERE DICH: DENKEN IST ANDERS ALS SCHREIBEN.

Wir wollen raus aus unserem Verstand und mit dem Herzen erkunden, was wir tief in uns glauben, welche Geschichten wir uns erzählen und welche wir in Zukunft tatsächlich gerne leben möchten. Wir wollen die Antworten erfühlen, mit unserem Herzen und entdecken sie Wort für Wort beim Schreiben.

Zusammenfassung und Reflexion

In diesem zweiten Kapitel haben wir die unterschiedlichen Facetten von Glauben erforscht.

Schreibend kannst du deinen Glauben und dein Warum erkunden, denn sie sind wichtig für ein authentisches Leben. Sie geben deinem Handeln Energie und eine Richtung. Du weißt jetzt, dass Glaubenssätze, die dich daran hindern, das Leben zu führen, das du liebst, nicht nur aus deinem Leben stammen können, sondern dass die Geschichten, die du dir selbst erzählst, auch die Geschichten deiner Ahnen und Vorfahren sein können. Wir können Ahninnen und Ahnen der Zukunft sein, die einen uralten Kreis durchbrechen. Jeder ist wichtig für diese Welt. Unser Wirken kann so viel mehr Einfluss haben und so viele Menschen mehr berühren, als wir es für möglich halten. Dein Talent ist wichtig, du bist wichtig für die Welt. Beginne deinen Weg jetzt, denn er wird sich dir erst zeigen, wenn du den ersten Schritt machst.

Schreibimpuls

Bevor du in das nächste Kapitel eintauchst, bitte ich dich, dir einen Augenblick der Stille und Reflexion zu schenken. Nimm dir einen Moment, blicke innerlich zurück auf das, was du bis hierher gelesen hast, und nimm dir dann fünf Minuten Zeit, um eine (oder mehrere) der nachfolgenden Fragen schriftlich zu erkunden. Lies zunächst alle Schreibimpulse durch und entscheide dich für den, der dich am meisten anspricht. Stelle dir einen Timer auf fünf Minuten und schreibe zügig und ohne den Stift abzusetzen.

- ***Überraschungsmoment: Gab es beim Lesen einen Moment oder einen Gedanken, der dich besonders überrascht hat? Warum hat dieser Moment dich so berührt?***

- ***Persönliche Resonanz: Mit welchem Aspekt zum Thema Glaube bist du am meisten in Resonanz gegangen? Was ist dir am deutlichsten in Erinnerung geblieben?***

- ***Neugierde und Interesse: Welches Thema oder welche Idee hat während des Lesens deine Neugier am meisten geweckt? Warum fühlst du dich zu diesem speziellen Thema hingezogen?***

Lies anschließend durch, was du geschrieben hast, und gib dir selbst ein Feedback. Dazu kannst du folgende Impulse nutzen:

Wenn ich das lese bemerke ich …

Ich stelle fest, dass …

Im bin neugierig in Bezug auf …

Wie fühlt sich mein Körper dabei an?

Gibt es irgendwelche Schritte, die ich angehen möchte? Wenn ja, welche?

LIEBE

In dem Bibelvers, den ich am Anfang des Buches zitiert habe, heißt es: „Die Liebe aber ist die Größte unter ihnen." Dieses Zitat spricht eine tiefe Wahrheit aus. Denn was sind unser Schreiben, unser Glaube, unser Leben ohne die Richtung der Liebe? Liebe schenkt unserem Leben Sinn und Zweck. Liebe ist das Fundament und der Höhepunkt all dessen, was wir tun und sind. Ohne Liebe wären unser Glaube und unser Schreiben leere Gefäße. Liebe füllt diese Gefäße mit Bedeutung, Wärme und Licht. In diesem Kapitel konzentrieren wir uns darauf, wie wir die Liebe in all ihren Formen erkennen, sie leben und ausdrücken können. Wir erkunden, wie Liebe uns leitet, heilt und verbindet. Wir sehen, wie sie in unseren alltäglichen Handlungen, in unserer Art zu kommunizieren und in unserer Art, die Welt zu betrachten, präsent ist. Die Reise, die du mit den ersten beiden Kapiteln begonnen hast, findet ihre Erfüllung in der Liebe. Liebe ist das Ziel und gleichzeitig der Weg.

LIEBE IST LIEBE

Aber ich glaube nun mal an die Macht der Liebe; Liebe ist eine einzigartige bewegliche Zauberkraft. Ich bezweifle, dass sie in den Sternen steht, aber ich glaube, dass Blut an Blut appelliert, Verstand an Verstand und Herz an Herz.

Stephen King

Liebe ist eigentlich ein sehr einfaches Wort. Es besteht nur aus fünf Buchstaben und doch trägt es eine ganze Welt aus Gefühlen, Erfahrungen und Bedeutung in sich. Schon immer hat dieses einfache Wort Menschen dazu inspiriert, Geschichten, Gedichte und Lieder zu füllen, es hat ihnen die Kraft verliehen, scheinbar Unmögliches zu erreichen, Unvorstellbares zu leisten oder auch Unerträgliches durchzustehen. Einige beschreiben die Liebe als eine alles durchdringende Energie, andere als das stärkste Band zwischen Menschen und wieder andere sehen in ihr eine Entscheidung, die wir Tag für Tag aufs Neue treffen.

Die alten Philosophen verstanden die Liebe als das zentrale Element des Universums, als den Stoff, aus dem Sterne, Planeten und auch wir selbst gemacht sind. Die moderne Wissenschaft sucht nach den biochemischen Prozessen in unserem Gehirn, die dieses Gefühl auslösen. Aus welcher Perspektive man es auch betrachtet – Liebe ist und bleibt ein Mysterium.

Seit ich den Wunsch verspürt habe, Schriftstellerin zu sein, wollte ich über die Liebe schreiben. Als ich mit diesem Kapitel begann, spürte ich neben Freude aber auch Ehrfurcht und, wenn ich ehrlich bin, etwas Angst und Unbehagen. Wie sollte es mir gelingen, die Tiefe und Weite der Liebe in Worte zu fassen? Was ist Liebe überhaupt? So tief uns Liebe berührt, so sehr kann sie uns auch verwirren. Wie könnte ich all die Nuancen und die unendliche Größe der Liebe je beschreiben? Wie könnte ich der Liebe in all ihrer Schönheit und Komplexität gerecht werden? Diese Fragen haben mich lange beschäftigt. Doch dann habe ich mir bewusst gemacht, dass es gar nicht darum geht, eine perfekte Definition oder Erklärung zu finden, sondern vielmehr, meine eigene Beziehung zur Liebe zu erforschen und sie mit dir zu teilen.

Du fragst dich vielleicht, warum du überhaupt versuchen solltest, etwas zu verstehen, das so unergründlich ist. Die Antwort ist einfach: Weil es dich näher zu dir selbst führt. Die Liebe lehrt uns, unser Inneres, unsere Ängste, Wünsche und Träume zu erkennen. Sie ist kein Ziel, das du irgendwann erreicht haben wirst, sondern ein ständiger Prozess. Sie ist kein unveränderlicher Zustand, sondern eine dynamische Kraft.

Liebe ist Liebe. In ihrer reinsten Form stellt sie keine Bedingungen und lässt sich nicht in irgendwelche Schubladen pressen. In Wahrheit benötigt die Liebe keinerlei Definition und sie kennt auch keine Grenzen. Sie fließt frei zwischen unseren Herzen, überwindet Unterschiede und Hindernisse und verbindet Seelen auf eine manchmal unerklärliche Art und Weise. Wenn wir den Satz „Liebe ist Liebe“ aussprechen, erkennen wir an, dass Liebe in all ihren Formen wichtig und wertvoll ist. Liebe unterscheidet nicht nach Alter, Geschlecht oder Herkunft. Sie ist das Grundgefühl, das uns alle verbindet. „Liebe ist Liebe“ bedeutet, dass niemand die Liebe begrenzen oder ihr Vorschriften machen darf. Niemand hat das Recht, zu bestimmen, wie wir leben, wen wir lieben oder was wir lieben. Denn in der Liebe finden wir Freiheit. Die Freiheit, wir selbst zu sein. Liebe ist die Gewissheit: „Hier bist du sicher, hier wirst du verstanden.“

Liebe ist unsere gemeinsame Sehnsucht. Sie drückt sich zwar durch unseren physischen Körper aus, doch letztendlich ist es unsere Seele, die liebt. Und so ist Liebe nicht nur etwas, das wir fühlen, sondern das, was wir in Wahrheit in unserem Kern sind – untrennbar, unendlich und auf ewig verbunden.

Hast du dich je gefragt, was genau Liebe für dich bedeutet? Welches Bild von ihr trägst du in deinem Herzen? Könnte es sein, dass du deine Vorstellungen übernommen hast (so wie alte Gewohnheiten oder Überzeugungen, die schon immer Teil deiner Familie waren) und sie nicht für dich selbst ausgewählt hast? Was hast du in deiner Familie über das Wesen der Liebe gelernt? Wir alle wachsen mit Geschichten auf, die uns erzählen, wie Liebe auszusehen hat. Filme, Lieder, Bücher – sie alle zeigen uns eine bestimmte Version von Liebe.

Aber ist dies auch das, was du wirklich über die Liebe glaubst? Was willst du stattdessen glauben? Ist das die Art von Liebe, die du leben willst? Ist das die Art und Weise, wie du dir eine Beziehung vorstellst oder wie du deine Liebe zum Leben ausdrücken möchtest? Passt diese Liebe zu dem, wer du bist, und zu dem, was du dir für dein Leben wünschst?

Nimm dir einen Moment Zeit und frage dich: Welche Erwartungen habe ich an die Liebe? Gibt es bestimmte Eigenschaften, die ich für selbstverständlich halte, bestimmte Rollen, die erfüllt werden müssen? Ist es möglich, dass ich, ohne es zu bemerken, die Liebe in ein Korsett geschnürt habe, das gar nicht zu ihr passt und auch nicht zu mir? Was bedeutet Liebe für mich persönlich? Wie soll sie aussehen, die Liebe, die ich gerne leben möchte? Welche Erwartungen an die Liebe leben in meiner Familie oder in meinem Umfeld? Es ist menschlich, Erwartungen zu haben. Sie geben uns Sicherheit und einen Rahmen, in dem wir uns bewegen können. Aber Liebe – die wahre, tiefgehende, unendliche Liebe – lässt sich nicht in eine bestimmte Form hineinzwängen. Sie ist wie das Wasser, das sich seinen Weg bahnt.

Nutze dein Journal, um deine eigene, einzigartige Geschichte von Liebe zu erzählen. Eine Geschichte, die nicht von Erwartungen begrenzt wird, sondern von der Freiheit lebt, die entsteht, wenn wir Liebe einfach Liebe sein lassen. Denn Liebe ist Liebe. Nicht mehr und nicht weniger.

Vielleicht denkst du bei dem Wort Liebe in erster Linie an romantische Beziehungen, doch es gibt so viel mehr. Die Liebe zum Leben, die Liebe zu Tieren, die Liebe zur Natur oder zu etwas in deinem Leben, das dir viel bedeutet und dir Freude bereitet. Und vor allem auch die Liebe zu dir selbst. Wenn wir lernen, uns selbst zu lieben – mit unseren Fehlern, Schwächen und Unvollkommenheiten –, dann öffnen wir unser Herz für die Liebe zu anderen. Vielleicht glaubst du, dass du dich ändern müsstest, um dich selbst lieben zu können. Vielleicht glaubst du, du müsstest dieses oder jenes sein oder können, um liebenswert zu sein – in deinen Augen und in den Augen anderer. All das kannst du schreibend erkunden, und auch all deine Fragen, die du dir vielleicht über die Liebe stellst.

Liebe ist überdies weit mehr als ein Gefühl. Sie ist die unauslöschliche Kraft, die tief in uns lebt und darauf wartet, durch unser Handeln, unsere Gedanken und unsere Worte ausgedrückt, befreit und gelebt zu werden. So viele Menschen tragen die Liebe tief verschlossen in ihren Herzen, anstatt sie von innen nach außen strahlen zu lassen. Wir erkennen ihre Präsenz in den offensichtlichen Momenten der Zuneigung und des Glücks, übersehen jedoch, wie sie still in jeden Aspekt unseres Daseins verwebt ist. Stephen King hat es treffend formuliert: „Liebe ist eine einzigartige bewegliche Zauberkraft." Sie ist beweglich, denn sie passt sich jeder Situation an, sie ist wandelbar und findet immer einen Weg, sich auszudrücken – sei es in der Fürsorge für einen Freund oder in der stillen Wertschätzung eines Sonnenuntergangs. Liebe ist allgegenwärtig. Sie wohnt in den tiefsten Ebenen deiner Existenz und wartet nur darauf, dass du ihr den Raum gibst, sich zu zeigen.

Liebe ist unzerstörbar. Sie kann nicht vernichtet werden, auch wenn es manchmal scheint, als sei sie nicht da. In Zeiten, in denen wir großen Schmerz oder Trauer empfinden, mag es so aussehen, als ob die Liebe uns verlassen hätte. Doch das ist nie der Fall. Sie bleibt bei uns, sie wohnt tief in unserer Seele und wartet auf einen Funken – ein Wort, eine Geste, einen Gedanken. Sie wartet darauf, von dir befreit zu werden, um mehr Raum in deinem Leben zu bekommen. Das Journaling kann ein solcher Funke sein. Wenn du deine Gedanken und Gefühle zu Papier bringst, öffnest du die Tür zu deinem Herzen und erlaubst der Liebe, sich in ihrer ganzen Kraft und Vielfalt in deinem Leben zu zeigen. Mit jedem Wort, das wir aus der Tiefe unseres Herzens schreiben, erlauben wir der Liebe, sich in unserem Leben auszudrücken. Liebe ist nicht nur das, was wir geben oder empfangen; sie ist das, was wir sind. Wenn wir das erkennen, dann sehen wir auch, dass Liebe wirklich überall ist – in jedem Blick, in jeder Berührung, in jedem Atemzug, in jedem Moment.

ÖFFNE UND HEILE DEIN HERZ

Das Öffnen des Herzens ist nicht etwas, das man tun kann, sondern etwas, das geschieht. Der Schlüssel dazu ist Bereitschaft. Sobald du bereit bist, etwas anzunehmen, öffnen sich die Türen deines Herzens, und zwar so weit, wie deine Bereitschaft reicht.

Safi Nidiaye

Viele spirituelle Lehren betrachten unser Herz als Zentrum der inneren Kraft und Liebe. Es wird oft als ein magnetisches Feld beschrieben, das in der Lage ist, sowohl unsere eigenen Emotionen als auch die Energie um uns herum zu beeinflussen. Diese Vorstellung spiegelt sich in verschiedenen Kulturen und spirituellen Praktiken wider.

Unser Herzzentrum ist eine starke Energiequelle für unsere Fähigkeit zur Liebe, zum Mitgefühl und zur emotionalen Verbindung mit anderen. Doch jeder Mensch trägt Verletzungen oder Blockaden in sich, die diese Energie nicht mehr frei fließen lassen. Deshalb ist die Heilung unseres Herzens ein wesentlicher Schritt auf dem Weg der persönlichen Entwicklung, des spirituellen Wachstums und vor allem hin zu einem Leben in Liebe. Die Heilung unseres Herzens ist ein zentrales Thema für viele Menschen, die auf der Suche nach innerem Frieden und Harmonie sind. Indem wir lernen, unser Herzzentrum zu öffnen und zu heilen, bewirken wir tiefgreifende Veränderungen in unserem Leben. Dies kann durch Meditation, Gebet, Achtsamkeit, kreative Ausdrucksformen oder eben durch das Journaling geschehen.

Dein Herz ist das machtvollste Werkzeug, das du hast. Die Dinge, die wir aus Liebe tun, entfalten die größten Kräfte, das hast du sicher schon selbst erlebt. Stell dir vor, wie aus deinem Brustraum ein Strom aus Licht und Energie strömt, der dich einhüllt, vorantreibt und dein ganzes Umfeld berührt. Wenn unser Herz verschlossen ist, ist dieses Energiefeld klein und reicht nicht über unseren Körper hinaus. Aufgrund von Verletzungen und Enttäuschungen und aus Angst, die wir spüren, entscheiden wir uns immer wieder dafür, unsere Herzenstüren zu verschließen. Manchmal packen wir noch ein dickes Schloss dran und fragen uns dann, wo der Schlüssel für die Lösung unserer Probleme liegt. Natürlich ist es wichtig, unseren Körper und alle unsere Energiezentren in Balance zu halten. Unser Herz ist jedoch wie die Sonne am Himmel, die allem anderen Kraft spendet. Wenn wir nach der Lösung für ein Problem suchen, dann übersehen wir oft, dass sie in unserem Herzen liegt. In der Energie, die es zu erzeugen vermag. Ein verschlossenes Herz blockiert Wege und Möglichkeiten. Deshalb ist es so wichtig, dass wir uns mit unseren Emotionen beschäftigen, uns trauen, zu fühlen und uns den Schmerz anzusehen, der in uns ist.

Das ist nicht immer leicht. Doch genau hier liegt der Weg zu Heilung und Lösung, und genau dadurch werden Potenziale freigesetzt.

Ein offenes Herz öffnet Wege und Türen.

Ein offenes Herz fühlt sich leicht und befreit an.

Wusstest du, dass unser Herz ein magnetisches Feld erzeugt, das mit modernen Messgeräten sogar nachweisbar ist? Kardiologische und neurologische Forschungen belegen, dass es ein starkes elektromagnetisches Feld produziert, das um unseren gesamten Körper und sogar darüber hinaus reicht. Interessanterweise hat sich gezeigt, dass dieses Feld in Bezug auf seine Stärke und Reichweite das stärkste im menschlichen Körper ist und dass es durch emotionale Zustände beeinflusst werden kann. Emotionen wie Liebe, Dankbarkeit und Mitgefühl scheinen dieses Feld zu stärken und zu harmonisieren, während Stress, Angst und Wut es stören können. Diese Erkenntnisse haben zur Entwicklung eines Forschungsbereichs geführt, der sich mit der Herz-Kohärenz befasst – einem Zustand, in dem Herz, Geist und Emotionen in Einklang sind. Journaling kann dir dabei helfen, diesen Zustand der Kohärenz zu erreichen. Denn wenn wir durch das Schreiben unser Herz heilen, können Herz und Verstand wieder besser in Harmonie arbeiten, dann treffen wir bessere Entscheidungen, hören unsere innere Stimme klar und deutlich und fühlen uns wieder sicher in unserem Körper.

Doch wie kommen wir da hin? Wie heilen wir unser Herz?

Der Weg führt durch drei Themen, die wir uns in den folgenden Abschnitten genauer anschauen: Angst, Tod, Endlichkeit und Trauer. Denn wenn wir über die Liebe reden, müssen wir das große Ganze sehen – die Höhen und die Tiefen. Und damit kommen wir nicht an den Themen Angst, Tod und Trauer vorbei. Mehr noch, ich finde es ist längst an der Zeit, dass wir lernen, anders mit diesen Themen umzugehen. Sie nicht mehr auf die Art und Weise zu behandeln, wie wir es tun, oder sie gar zu verschweigen. Wie oft schon hast du dich dafür geschämt, dass dir etwas Angst macht? Hast du dich stärker präsentiert, als du dich gefühlt hast? Hast du deine Verletzlichkeit vor anderen versteckt? Wie oft schon hast du so getan, als hättest du mit einer Sache längst abgeschlossen, obwohl sie dich immer noch schmerzt? Wie oft tun wir das, weil wir in der Gesellschaft als schwach gelten, wenn wir uns verletzlich zeigen, über Ängste sprechen, lange brauchen, um einen bestimmten Verlust zu verarbeiten? Doch wir müssen nicht so tun als ob. Wir dürfen Schmerz ebenso bei uns tragen wie Freude. Es ist nicht stark, keinen Schmerz zu fühlen. Es ist stark, wenn wir uns trauen, den Schmerz zu fühlen.

Die Angst, der Tod und die Trauer waren meine größten Lehrmeister. Sie haben es mir möglich gemacht, mehr über die schönen Gefühle zu erfahren - vor allem über die Liebe in meinem Leben. Denn in den Momenten, in denen wir Angst durchleben, Verlust erfahren oder trauern, hat die Liebe am meisten zu sagen. Sie flüstert uns zu, dass es in Ordnung ist, zu fühlen, zu trauern und zu lieben – zu fühlen, zu fühlen und noch mal zu fühlen. Das ist es, was unser Herz öffnet und heilt.

ANGST

Ich glaube, dass jedes einzelne Ereignis im Leben eine Gelegenheit ist, die Liebe über die Angst zu stellen.

Oprah Winfrey

Der persische Dichter und Mystiker Rumi hat ein Gedicht mit dem Titel „Das Gästehaus" geschrieben. Es geht darin darum, dass wir in unserem Leben viele verschiedene Gäste in Form von Gefühlen empfangen. Weißt du, wer mein häufigster Gast war auf meinem Weg bis hierher? Die Angst. Und sie kam nicht allein, sie hat noch viele andere Gäste mitgebracht: den Selbstzweifel, den Stress und die Verzweiflung. Doch die Angst war der Hauptgast, der am Kopfende des Tisches saß und die ganze Tafel regiert hat. Sie hat das Glas erhoben und niederschmetternde Reden geschwungen, in denen es darum ging, dass ich nie genug sein würde, dass ich zu viele Fehler mache, dass das, was ich tat, nie ausreichend oder perfekt sein würde. Dass ich nicht schön genug bin, nichts kann und keine Talente besitze. Und vieles mehr. Als ich nach vielen Jahren die Pille abgesetzt habe, kam die Angst nicht nur ab und zu zum Essen vorbei, sondern sie zog bei mir ein. Bis dahin kannte ich Angst- oder Panikattacken nur vom Hörensagen, doch durch welche Hölle sie einen treiben, wusste ich nicht, bis ich es selbst erlebt habe. Die Angst hat mich ab einem bestimmten Zeitpunkt in meinem Zyklus nachts so sehr zittern lassen, dass ich das Gefühl hatte, keinerlei Kontrolle mehr über meinen Körper zu haben. Ich habe so sehr geschwitzt, dass ich aufstehen und meine Kleidung wechseln musste. An ein paar Tagen meines Zyklus war die Angst so übermächtig, dass ich mich jeden Morgen übergeben habe. Neben dem Verlust meiner Mutter zählt diese Erfahrung zu den schlimmsten, die ich bisher gemacht habe. Denn das war ein Gefühl der Angst, das über ein „normales Maß" hinausging. Es hat einige Monate gedauert, bis ich herausgefunden habe, was genau dahintersteckt und mein Körper wieder in sein Gleichgewicht gefunden hat.

Auch wenn die Angst und Panik in meinem Fall durch einen unausgeglichenen Hormonhaushalt entstanden sind, so weiß ich doch: Hinter jedem körperlichen Ungleichgewicht steht auch ein emotionales Thema. Nicht umsonst hatte ich den Drang, nicht mehr länger mit der Pille künstliche Hormone zu mir zu nehmen. Ich hatte das Gefühl, dass sie irgendeinen Teil von mir unterdrücken, dass sie etwas auf unnatürliche Art und Weise in meinem Körper steuern, was ich deshalb nicht mehr fühlen kann. Die Themen und Emotionen, die sich bis dahin über die Jahre in mir angestaut hatten, brachen dann mit Wucht aus. Mein Körper wollte mich auf etwas aufmerksam machen, und das ist ihm ohne Zweifel gelungen. Die Angst wurde erst besser, als ich angefangen habe, mich wirklich mit ihr zu beschäftigen. Lange Zeit dachte ich, ich müsste sie irgendwie bekämpfen, weil etwas an dem Gefühl nicht richtig sei. Aber die Angst wurde so laut, dass es unmöglich war, mit ihr weiterhin so umzugehen, wie ich es bis dahin getan hatte.

Früher dachte ich immer, Hass sei das Gegenteil von Liebe. Doch es ist die Angst. Angst ist das Gegenteil von Liebe. Denn die Angst ist die Emotion, die wir Menschen entwickelt haben, um uns zu schützen. Angst aktiviert in gefährlichen Situationen die „Kampf-oder-Flucht"-Reaktion. Sie ist eine natürliche emotionale Reaktion, die evolutionär bedingt dem Überleben dient. Sie warnt uns vor Gefahr und bereitet uns darauf vor, angemessen zu reagieren. Bestimmt kennst du das viel zitierte Beispiel mit dem Säbelzahntiger. In prähistorischen Zeiten wäre es eher ungünstig gewesen, die Angst zu ignorieren, die unserem Körper signalisiert, dass es gerade um Leben und Tod geht. Problematisch wird es dann, wenn unsere Angst übermäßig oder irrational wird und Macht über unser Leben und unsere Entscheidungen übernimmt.

Wenn die Schutzfunktion unserer Angst in Situationen aktiviert wird, die keine physische Bedrohung darstellen, kann sie andere starke Gefühle wie Wut, Neid oder Hass hervorrufen. Diese Gefühle müssen sich nicht nur auf andere beziehen, sondern können auch gegen uns selbst gerichtet sein. Wer kennt sie nicht, die Situationen, in denen man wütend auf sich selbst ist oder vielleicht sogar Selbsthass entwickelt oder Schuldgefühle und endlose Selbstvorwürfe? Was steckt hinter all diesen Emotionen?

Wut kann als Reaktion auf eine Bedrohung entstehen, die wir wahrnehmen, z. B. wenn das Selbstbild, das wir erschaffen haben, bedroht ist. Dieses Selbstbild kann, z. B. ins Wanken geraten, wenn uns jemand kritisiert. Sobald wir uns unsicher oder bedroht fühlen, kann Wut entstehen als eine Art uns zu verteidigen.

Hass kann aus der Angst erwachsen, dass das, was wir ablehnen oder was uns bedroht, uns irgendwie Schaden zufügen könnte. Neid kann aus der Angst resultieren, nicht genug zu haben oder nicht so gut zu sein wie andere, wodurch wir uns benachteiligt oder vom Leben schlecht behandelt fühlen. Die Verbindung zwischen unserer Angst und diesen Gefühlen liegt oft darin, dass wir durch diese Emotionen in gewisser Weise verbergen möchten, wie verletzlich wir sind. Statt zu erkennen und zu akzeptieren, dass wir verwundbar sind oder ängstlich, reagieren wir mit Wut oder Hass. Vielleicht, weil uns das die Illusion schenkt, dass nicht die Angst die Kontrolle über uns hat, sondern wir selbst.

Wut und Hass müssen sich dabei nicht unbedingt in einer so ausgeprägten Form zeigen, wie du sie dir vielleicht gerade vorstellst, dass z. B. jemand ausrastet, mit der Faust auf den Tisch haut, Dinge in der Gegend herumwirft oder einen anderen Menschen lautstark beschimpft. Beides kann sich als kleines, leises Gefühl in uns zeigen, das uns auf die ein oder andere Weise triggert und als ein starker innerer Widerstand erkennbar ist – gegen etwas, das jemand zu uns sagt, oder etwas, das wir gerade nicht tun möchten, oder vielleicht auch gegen eine Person generell.

Egal welche Gefühle es sind, die durch Angst in dir ausgelöst werden: Bewirte deine Gäste. Schlage ihnen nicht die Tür vor der Nase zu. Denn sie werden sonst noch lauter klopfen oder den Hintereingang nehmen. Irgendwann, wenn du unaufmerksam bist und zu lange versucht hast, sie zu ignorieren, werden sie kommen und deine Küche stürmen. Dann geraten wir meistens an den Punkt, an dem wir nicht mehr darum herumkommen, uns diese unliebsamen Gäste genauer anzuschauen, uns mit ihnen auseinanderzusetzen, uns mit ihnen zu unterhalten. So war es auch bei mir, als die Angst den Hintereingang nahm, um heimlich bei mir einzuziehen.

Doch was, wenn die Angst eigentlich nur eins möchte: Uns in die Liebe führen? Durch die intensive Erfahrung der Angst- und Panikattacken habe ich gelernt, dass die Angst erst zurückweicht, wenn wir den Mut finden, sie anzuschauen, wenn wir aufstehen und ihr sagen: „Hallo, liebe Angst, ich sehe dich, doch ich gebe dir nicht die Macht, mich zu lenken. Ich entscheide mich ab jetzt für Liebe."

Journaling kann dir dabei helfen, die Liebe über die Angst zu stellen. Schreiben ist eine Möglichkeit, deine Angst anzuschauen, mit ihr in einen Dialog zu gehen und dich dann bewusst auf die Liebe auszurichten. Die Angst, die ich erlebt habe, hat mir beigebracht, all die Liebe, die bereits in meinem Leben ist, deutlicher zu erkennen oder überhaupt erst wahrzunehmen. In dieser Phase habe ich Gespräche mit Menschen geführt, die ich vorher nie geführt hatte. Denn die Angst hat mich dazu gebracht, Teile meines Herzens zu öffnen, die ich nicht vorhatte zu öffnen. Und so haben auch die Menschen, denen ich mich geöffnet habe, Gelegenheit bekommen, ihr Herz zu öffnen.

Früher wollte ich immer alles allein schaffen. Tief in mir war die Überzeugung verankert, dass ich mich ansonsten abhängig mache. Und wenn ich mir helfen lasse und dadurch eine wirklich tiefe Verbindung eingehe, dann habe ich auch wirklich etwas zu verlieren. Dahinter steckte nichts anderes als die Angst, verletzt zu werden. Ein Mangel an Vertrauen. Ein Mangel an Liebe. Ein verletztes Herz. Unsere Angst führt uns direkt hinein in unsere Verletzlichkeit. Warum betrachten wir Verletzlichkeit oft als Schwäche oder etwas, das wir vor anderen verbergen sollten? Es ist gerade unsere Verwundbarkeit, die uns zeigt, wo unsere größten Stärken liegen. Wenn wir uns trauen, unsere innersten Gedanken, unsere Hoffnungen und Ängste, unsere ungeschönten Wahrheiten zu teilen, dann begegnen wir der Liebe auf einer Ebene, die uns sonst verborgen geblieben wäre. Wir befürchten, dass unsere Verwundbarkeit uns angreifbar macht, aber in Wahrheit schafft gerade diese Offenheit tiefe, unerschütterliche Verbindungen voller Liebe. Was die Verletzlichkeit so kraftvoll macht, ist die Ehrlichkeit, die in ihr liegt. Sie erfordert den Mut, zu sein, wer wir sind, den Mut, geliebt zu werden für unser wahres Selbst. Es ist einfach, eine Maske der Perfektion aufrechtzuerhalten, aber es erfordert wahre Stärke, diese Maske fallen zu lassen und zu sagen: „Hier bin ich, mit allem, was ich habe, und allem, was ich nicht habe. Ich bin echt, ich mache Fehler, ich bin verletzlich, ich bin menschlich."

Diese Ehrlichkeit müssen wir zunächst nicht direkt anderen Menschen gegenüber zeigen, sondern in erster Linie uns selbst gegenüber. Wie? Schreibend in unserem Tagebuch. Das ist ein erster Schritt. Auf dem Papier können wir üben, mutig und ehrlich sein. Irgendwann fragst du dich: „Warum sollte ich nicht auch im echten Leben schaffen, was ich mich auf dem Papier traue?" Sobald wir das tun, verliert die Angst ihre Schwere. Wir können Angst als Wegweiser nutzen, als einen Anstoß, mutiger zu lieben, tiefer zu fühlen, fester zu umarmen. Auch und gerade uns selbst. Deshalb ist dies eine Einladung an dich, deine Verletzlichkeit zu feiern – als Quelle deiner größten Stärke, als das Fundament, als eine Art von Liebe, die wahr, tief und unerschütterlich ist. Ich möchte dich dazu einladen, dir deine Ängste anzuschauen und sie in Liebe zu verwandeln. Denn wie Rainer Maria Rilke einmal so schön gesagt hat: „Unsere größten Ängste sind die Drachen, die unsere tiefsten Schätze bewahren."

In unseren Ängsten liegen oft unsere größten Schätze verborgen. Ich hatte unglaublich große Angst vor dem Schreiben und vor dem Veröffentlichen meines ersten Buches. Auch bei allen anderen Büchern, die folgten, hatte ich Angst. Auch bei diesem. Doch wenn wir uns die Angst bewusst machen, dann spielt sie keine Rolle mehr. Keine Rolle mehr in dem Sinne, dass wir uns von ihr nicht abhalten lassen, den Weg trotzdem zu gehen. Heute weiß ich sogar: Je größer meine Angst ist, desto mehr Liebe erwartet mich, wenn ich den nächsten Schritt wage.

Wenn du also das nächste Mal Angst davor spürst, einen neuen Schritt zu wagen, frage dich: „Welche ‚Belohnung', welche Art von Liebe wartet auf mich auf der anderen Seite? Warum will ich mich davor schützen?“ Denn es ist ja nicht ungewöhnlich, dass wir uns unbewusst auch vor der Liebe schützen möchten. Denn Liebe zu erfahren, bedeutet, sich verletzlich zu zeigen. Liebe zu erfahren, bedeutet, dass wir etwas zu verlieren haben.

TOD UND ENDLICHKEIT

Denn wenn etwas uns fortgenommen wird, womit wir tief und wunderbar zusammenhängen, so ist viel von uns selber mit fortgenommen. Gott aber will, dass wir uns wiederfinden, reicher um alles Verlorene und vermehrt um jenen unendlichen Schmerz.

Rainer Maria Rilke

An einem grauen Tag im September hat mich mein Chef in sein Büro gebeten, um die bevorstehende Geschäftsreise nach Korea und Japan zu besprechen. Doch ich kann an diesem Freitagmorgen kaum einen klaren Gedanken fassen. Seinen Worten zu folgen, fällt mir schwer. Mein Magen ist flau. Seit ich aufgestanden bin, habe ich ein ungutes Gefühl in mir, so als läge etwas Unheilvolles in der Luft. Irgendwie bringe ich den Tag hinter mich. Abends packe ich meinen Koffer mit Kleidung für eine Woche, um am nächsten Tag in den Flieger zu steigen. Dann klingelt mein Handy. Noch bevor ich den Anruf annehme, weiß ich, worum es gehen wird.

„Deine Mutter hatte eine Not-OP.“

„Wird sie es schaffen?“

„Nein.“

Die Worte reißen mir den Boden unter den Füßen weg.

Bis zum Krankenhaus, in dem meine Mutter liegt, sind es etwa dreißig Autominuten. Ich weiß nicht, ob ich in der Lage bin zu fahren, trotzdem greife ich mit zittrigen Händen nach dem Autoschlüssel. Mein Magen krampft sich zusammen, jede Faser meines Körpers ist bis aufs Äußerste gespannt, am liebsten möchte ich raus aus ihm. Nicht fühlen, was ich fühle, nicht erleben, was gerade passiert. Ein Schmerz bohrt sich in meinen Unterleib. Ich umklammere das Lenkrad, als wäre es ein Rettungsring. Die Fahrt kommt mir ewig vor. Kurz vor dem Ziel schlängelt sich die zweispurige Straße bergab. Als ich um die letzte Kurve fahre, sehe ich ein riesiges Kreuz auf einem Felsen. Es spannt seinen Querbalken wie Flügel über das Tal, bereit, diese Welt zu verlassen. Wenige Minuten später betrete ich die Intensivstation. Meine Mutter sitzt aufrecht im Bett und lächelt ihr aufmunterndes Lächeln, das sie selbst jetzt nicht verloren hat. Ich reiße mich zusammen, um nicht sofort in Tränen auszubrechen, und setze mich zu ihr auf die Bettkannte. Ich weiß, dass sie Angst hat, aber stark bleibt für uns. Sie sagt, ich solle die Reise nicht absagen und morgen fliegen, doch ich weiß, dass ich bleiben werde. Meine Mutter macht Witze über die Perücke, die sie sich bestellt hat, die aber nie zum Einsatz gekommen ist, weil ihr Haar der Chemotherapie getrotzt hat. Doch nach zwei Jahren Behandlung wirkt ihr Körper ausgemergelt. Die Haut und die Augäpfel sind gelb. Es ist nicht zu übersehen, dass der Punkt erreicht ist, an dem der Körper nicht mehr kann und begonnen hat, sich von innen selbst zu vergiften. Der Tod ist nicht mehr aufzuhalten. Als ich den Blick abwende und aus dem Fenster schaue, sehe ich das Kreuz von der anderen Seite, hoch oben auf dem Felsen.

Erst als mein Bruder und ich einige Tage später unser Elternhaus betraten, sahen wir, was meine Mutter an diesem Freitag durchgemacht hatte. Sie war morgens im Bad zusammengebrochen. Ein Riss an der Innenwand der Aorta. Die Blutspur zog sich über den Flur bis ins Schlafzimmer, wo das schnurlose Festnetztelefon lag. Ich konnte sehen, dass sie sich mit blutigen

Händen am Bettlaken festgehalten hatte, und weiß, dass sie auf allen Vieren über den Boden gekrochen war, um das Telefon zu erreichen, und dann wartete, bis jemand kam. Bis heute zerreißt mir der Gedanke, dass in diesem Moment niemand bei ihr war, das Herz. Dass sie eine halbe Stunde lang allein auf dem Boden lag, in ihrem Blut und voller Angst.

Warum wir erst abends davon erfuhren, dass unsere Mutter morgens notfallmäßig operiert werden musste, ist eine andere Geschichte. Es sind viele hässliche Dinge passiert zu dieser Zeit. Viele Erinnerungen an diese Tage im September sind schmerzhaft. Es sind Wunden, von denen ich dachte, dass sie nie heilen werden. Bilder in meinem Kopf, von denen ich glaubte, sie würden immer wehtun, wenn ich an sie denke. Nach so vielen Jahren jetzt aufzuschreiben, was damals passierte, bringt mich immer noch zum Weinen und doch weiß ich, dass ich hinschauen und hinfühlen will, weil da immer noch Trauer in mir ist und immer noch Schmerz, der gesehen und gefühlt werden will.

Drei Tage, nachdem ich so schnell ich konnte ins Krankenhaus gefahren war, starb meine Mutter. Die Zeit bis dahin verbrachten wir an ihrem Bett. Diese Tage haben intensive Bilder und Gefühle in mein Herz gebrannt. Nicht zuletzt Dankbarkeit, dass ich nicht im Flieger saß oder am anderen Ende der Welt, als es passierte. Dankbarkeit, dass ich mich noch bewusst von ihr verabschieden durfte. Dankbarkeit, dass wir als Familie bei ihr sein konnten und sie umhüllt von unserer Liebe gehen konnte. Dankbarkeit, dass ich imstande bin, so viel zu fühlen und wahrzunehmen. Denn wenn ich Schmerz so intensiv fühlen kann, dann auch die Liebe.

Eine Situation im Krankenhaus ist mir besonders in Erinnerung geblieben: Meine Mutter war nicht mehr bei Bewusstsein, das Morphium hatte sie in einen tiefen Schlaf gehüllt. Mein Bruder und ich saßen Seite an Seite an ihrem Bett. Da zeigte er auf ihren Bauch und sagte: „Da waren wir mal drin."

Dieser Satz erschüttert mich heute noch. Und gleichzeitig erfüllt er mich mit Liebe, so tief, so sanft und verletzlich, dass es mich zu Tränen rührt. Es war, als würde in diesem Moment eine tiefere Wahrheit in mein Bewusstsein treten: Der Körper, der mich geboren und genährt hatte, der mein erstes Zuhause gewesen war, würde bald nicht mehr sein. Ein Stück Wärme und Geborgenheit, das für immer mit ihm verbunden war, würde aus meinem Leben verschwinden. Unsere Mutter hatte uns durch Liebe in die Welt gebracht, und diese Liebe umgab und hielt uns auch jetzt noch. Die Liebe einer Mutter ist ein unerschütterliches Band, das selbst den Tod überdauert. Ich frage mich, wie es für sie gewesen sein muss, zu wissen, dass sie uns bald verlassen würde: ihr Körper, der so viel Leben gegeben hatte, ihre Hände, die so viel aus Ton erschaffen hatten, und ihr Herz, das so viel geliebt und betrauert hatte. Wie muss es sich für sie angefühlt haben, dass sie zurücklassen musste, was sie liebte, dass sie uns zurücklassen musste? Wie musste es gewesen sein, dieses letzte Loslassen?

Ich weiß noch, dass ich auf dem EKG beobachtet habe, wie ihr Herzschlag immer langsamer wurde, bis schließlich nur noch eine Linie zu sehen war. Als meine Mutter ihre Augen für immer schloss, hielten mein Bruder und ich ihre Hand fest zwischen den unseren. Es war das erste Mal, dass ich dabei war, als ein Mensch starb. Ich weiß nicht, wie ich es mir vorgestellt hatte. Ich glaube nicht so friedlich. Es war ein stiller Moment, sanft und leise, als ob das Universum für einen kurzen Augenblick den Atem angehalten hätte, um ihr den Übergang zu erleichtern. Sie war dabei, als mein Leben begann, und ich war nun dabei, als sie ihres verließ. In dieser Stille fühlte ich eine unwahrscheinliche Sanftheit, eine Ruhe, die wohl nur die Liebe schaffen kann. Ich habe erkannt, dass Liebe im Tod existiert, vielleicht sogar dort am deutlichsten wird. Sie zeigt sich in der Bereitschaft, loszulassen und zu akzeptieren, dass ein geliebter Mensch sein Leben gelebt hat und nun gehen darf. Sie zeigt sich in dem kleinen Akt, jemanden in Frieden gehen zu lassen und dabei zu erkennen, dass wir durch die Liebe unendlich verbunden sind. Sie zeigt sich auch in dem Schmerz über den Verlust, den wir erfahren. In diesem Moment wurde mir bewusst, dass Liebe nicht an unser körperliches Dasein gebunden ist. Denn ich habe meine Mutter so deutlich gespürt wie noch nie. Als sie ging, war ich mir sicher, ein sanftes Licht über ihrem Körper zu sehen. Es war leicht zu übersehen, doch ich hatte es wahrgenommen. Als ihre Seele ihren Körper verlassen hatte, war ihr Gesicht vollkommen entspannt und friedlich. So wollte ich sie in Erinnerung behalten. Deshalb habe ich den Raum verlassen, solange ihr Körper noch einen Hauch Wärme in sich trug, solange sie noch aussah, wie ich sie kannte.

Als wir kurze Zeit später in dieser Nacht nach Hause fuhren, war sie dabei. Ich habe meine Mutter auf dem Rücksitz gefühlt und bildlich vor mir gesehen. In dieser Nacht war der Tod mit Liebe erfüllt und die Liebe mit Trauer. Und ich wusste: Die Liebe meiner Mutter würde nicht mit ihrem letzten Atemzug enden. Sie würde in jeder Erinnerung, in jedem Lächeln, das wir teilen, und in jeder Träne, die wir in ihrem Andenken weinen, weiterleben.

Wie geht es dir, wenn du an den Tod denkst? Lösen diese Gedanken Unbehagen in dir aus? Möchtest du das Buch gerade am liebsten zuklappen und beiseitelegen? Ich weiß, für viele ist der Tod ein schwieriges Thema. Aber wenn wir leben wollen, richtig und bewusst leben, dann kommen wir nicht darum herum, uns mit dem Tod zu beschäftigen.

Du weißt es, ich weiß es: Dieses Leben ist endlich. Die Tage, die du in deinem jetzigen Körper verbringst, sind vergänglich. Ab einem bestimmten Zeitpunkt in unserem Leben haben wir mehr Vergangenheit als Zukunft. Und niemand von uns weiß, wann genau dieser Punkt erreicht ist. Der Tod zeigt uns genau, dass wir nicht ewig Zeit haben. Und das ist gut so, denn es erinnert uns daran, die kostbaren Momente zu genießen, wahrzunehmen (manchmal schmerzlich), wie schön das Leben und die Dinge um uns herum sind. Zu verstehen, dass unsere Zeit begrenzt ist, hilft uns, den Fokus auf die Dinge und Menschen zu lenken, mit denen wir wirklich unsere Zeit verbringen, in die wir unsere Zeit investieren möchten.

Der Tod wird von uns gefürchtet als endgültiger Abschied. Doch was, wenn er in Wahrheit noch etwas ganz anderes ist? Ein stiller Lehrer, der uns nicht nur die Endlichkeit unseres Lebens lehrt, sondern auch die Unendlichkeit der Liebe? Diese Unendlichkeit erinnert uns daran, dass Liebe nicht an einen Ort, eine Zeit oder eine Form gebunden ist, sondern alles durchfließt. Sie durchbricht die Schleier zwischen dieser Welt und der anderen Seite, wo sich unsere Lieben aufhalten, zwischen Jetzt und Einst, als sie noch bei uns waren. Die Endlichkeit lehrt uns, die Tage wertzuschätzen, die wir haben.

Wenn wir es zulassen, stellt uns der Tod fundamentale Fragen. Wie möchte ich die Tage, die ich habe, nutzen und gestalten? Mit welcher Tätigkeit möchte ich sie füllen? Mit welchen Menschen möchte ich meine Zeit verbringen? Wer möchte ich sein, in der Zeit, die mir gegeben wurde? Wer könnte ich sein? Will ich die kostbare Zeit, die ich habe, damit verbringen, an alten Verletzungen und Groll festzuhalten oder möchte ich loslassen und mich auf die schönen Dinge konzentrieren? Wenn wir bereit dazu sind, mit dem Tod in einen Dialog zu treten, kann er uns helfen zu unterscheiden, was uns wirklich wichtig ist und was nicht.

Welche Geschichte möchte ich einmal hinterlassen, wenn mein Leben endet?

TRAUER

Die Kunst des Verlierens studiert man täglich. So vieles scheint bloß geschaffen, um verloren zu gehen, und so ist sein Verlust nicht unerträglich.

Elizabeth Bishop

Lange Zeit habe ich geglaubt, ich hätte die Trauerarbeit über den Verlust meiner Mutter längst abgeschlossen. Doch ich durfte lernen, dass Trauer etwas ist, das uns auf die ein oder andere Weise jahrelang, wenn nicht sogar unser ganzes Leben immer wieder begleitet. Dabei habe ich entdeckt, welche zentrale Rolle unser Herzzentrum spielt und dass sich Trauer nicht nur auf den Verlust eines geliebten Menschen bezieht. Wir trauern, weil wir geliebt haben und weil das, was wir liebten, Bedeutung hatte. Und wir trauern um vieles mehr als nur um die, die von uns gegangen sind. Wir trauern um verlorene Freundschaften, zerbrochene Beziehungen, um verpasste Chancen, um Lebenspläne, die sich nicht so verwirklicht haben, wie wir es uns vielleicht gewünscht hätten. Um die leisen Abschiede des Alltags, wenn die Kinder erwachsen geworden sind und ausziehen oder wir unsere Arbeit verlassen, um in den Ruhestand zu gehen. Jeder dieser Momente verdient Aufmerksamkeit und eine Zeit des Innehaltens. Wir leben in einer Welt, die ständig nach vorne prescht, die uns auffordert, zum nächsten Kapitel überzugehen, ohne das vorherige zu Ende zu bringen. Doch unsere Herzen funktionieren so nicht. Trauer braucht Zeit und Raum. Durch den Prozess der Trauer ehren wir das Vergangene und finden einen Weg, es in unsere neue Realität zu integrieren. Es ist notwendig, den Übergängen in unserem Leben die gebührende Aufmerksamkeit zu schenken und sie bewusst zu erleben. Viel zu oft geben wir uns nicht die Zeit, Menschen, Geschehnisse und Veränderungen zu betrauern. Das erlebe ich auch immer wieder in meinen Journaling-Workshops. Denn oft kommen in einer kurzen Schreibübung von nur ein paar Minuten alte Geschichten hoch, Themen, die immer noch schmerzen und die nicht (genug) betrauert wurden.

Indem wir trauern, geben wir uns selbst die Erlaubnis zu fühlen – und das ist Liebe in ihrer reinsten Form. Liebe bedeutet, sich den Raum zu nehmen, alles zu fühlen: den Schmerz, die Leere, aber auch die Freude und die Dankbarkeit für das, was war. Oft erkennen wir nicht, wie unverarbeitete Trauer unsere Ängste nährt. Indem wir Trauer zulassen und sie durchleben, öffnen wir uns für Liebe. Trauer ist ein Ausdruck von Liebe. Denn sie zeigt uns, wie tief unsere Bindungen sein können und dass Verlust uns berührt, weil wir uns erlaubt haben verbunden zu sein.

Trauer ist die Anerkennung, dass alles im Leben seine Bedeutung hat und dass Veränderungen, auch die schmerzhaften, Teil unserer Reise sind. Sobald du anfängst, dich ehrlich mit deinen Gefühlen auseinanderzusetzen, schaffst du Raum für Liebe. Mit jedem Schmerz, den du dir anschaust, mit jeder Verletzung und jedem Verlust, die du endlich betrauerst, öffnest du der Liebe die Tür, sodass sie Platz nehmen kann in deinem Leben. Durch die Trauer erfährst du: Ja, ich habe wirklich geliebt. Oft lernen wir erst durch die Trauer etwas wertzuschätzen, was wir vorher nicht erkennen konnten. Trauer misst die Tiefe unserer Bindungen und erinnert uns daran: Liebe ist kostbar, und was wir lieben, wird Teil von dem, wer wir sind.

Nach dem Tod meiner Mutter habe ich mich in meinem Tagebuch mit all diesen Gefühlen in mir auseinandergesetzt. Das Journaling war meine Art zu trauern. Wenn du auch einen geliebten Menschen verloren hast, dann können dir folgende Journaling-Impulse helfen:

- *Was habe ich durch diese Erfahrung über mich gelernt?*

- *Was sind die stärksten Erinnerungen, die ich an meine geliebte Person habe, und was bedeuten diese Erinnerungen für mich?*

- *Welche ungesagten Worte gibt es, die ich gerne ausgesprochen hätte? Was würde ich meinem geliebten Menschen sagen, wenn ich jetzt die Gelegenheit dazu hätte?*

- *Wie hat der Verlust meine Sicht auf das Leben verändert? Gibt es Lehren oder Einsichten, die ich aus dieser Erfahrung gewonnen habe?*

- *Gibt es Rituale oder Aktivitäten, die mir helfen mich mit der Person, die ich verloren habe, verbunden zu fühlen? Welche Rolle spielen diese in meinem Trauerprozess?*

- *Welche Gefühle sind für mich am schwersten zu akzeptieren? Wie gehe ich mit diesen Gefühlen um? Gibt es Wege, wie ich sie sanfter annehmen könnte?*

- *Wie kann ich mir selbst Mitgefühl und Geduld in meinem Trauerprozess entgegenbringen? Gibt es bestimmte Dinge, die ich mir selbst sagen kann, um Trost zu finden?*

- *Welche Unterstützung wünsche ich mir von anderen in meiner Trauer? Wie kann ich um diese Unterstützung bitten?*

- ***Was möchte ich in Ehren halten und weiterführen, das von der Person, die ich verloren habe, inspiriert wurde?***

Du kannst auch Briefe schreiben. Das mag sich zunächst seltsam anfühlen, doch Briefeschreiben gehört zu den wertvollsten Journaling-Übungen. Einen Brief zu schreiben kann uns helfen, Dinge zu sagen, die ungesagt geblieben sind, und die Verbindung zu deiner geliebten Person aufrechtzuerhalten – auf eine neue Art und Weise. Gerade wenn wir vielleicht nicht mehr die Gelegenheit hatten, uns von jemandem zu verabschieden, kann es unglaublich heilsam sein, Unausgesprochenes zu Papier zu bringen und dadurch zu klären.

In Momenten, in denen es mir schwergefallen ist, das Gute zu sehen, weil das in der Trauer natürlich nicht immer einfach ist, habe ich aufgeschrieben, wofür ich dankbar bin, z. B. dafür, dass ich mich noch bewusst verabschieden durfte, dass ich meine Mama so deutlich spüren konnte oder dass ich einen Partner habe, der all das mit mir gemeinsam durchsteht.

Wenn die Trauer überwältigend wird, erlaube dir in deinem Journal „Gefühlsausbruch-Seiten“, auf denen du dir frei von der Seele schreibst, wie du dich fühlst. Und dann, wenn du bereit bist, sammle Erinnerungen. Schreibe die Geschichten auf, die du mit deinem geliebten Menschen (oder deinem geliebten Tier) erlebt hast, die kleinen Anekdoten, die dich zum Lächeln bringen oder besondere Momente, die dich heute noch berühren. Diese Sammlung wird ein kostbarer Schatz sein, der dir hilft, durch die Trauer hindurch neue Lebenskraft und Hoffnung zu finden. Journaling in Zeiten der Trauer ist nicht immer leicht, aber es ist ein Weg, das Herz zu heilen. Es ist ein Prozess, der dich durch die Dunkelheit führt und dir erlaubt, Schritt für Schritt wieder ins Licht zu treten.

Wie bereits erwähnt, kann sich Trauer auf viele verschiedene Verluste beziehen, nicht nur auf den Tod eines geliebten Menschen. Hier sind einige Journaling-Impulse, die helfen können, den Verlust von Freundschaften oder familiären Bindungen zu betrauern und zu verarbeiten. Diese Fragen können dich unterstützen, über die komplexen Emotionen nachzudenken, die durch den Verlust einer wichtigen Beziehung entstanden sind. So kannst du ein tieferes Verständnis der Situation bekommen und vielleicht zu einem Abschluss gelangen:

- ***Was vermisse ich am meisten an der Beziehung, die sich verändert hat oder zu Ende gegangen ist?***

- ***Welche Gefühle löst der Verlust der Beziehung in mir aus, und wie kann ich diese Gefühle auf eine gesunde Art ausdrücken?***

- ***Was habe ich aus dieser Beziehung gelernt, und wie hat sie mich geformt?***

- ***Gibt es ungelöste Konflikte oder offene Fragen, die ich in meinem Journal loswerden möchte?***

- ***Wie würde ich die Beziehung beschreiben, wenn ich sie aus der Perspektive einer außenstehenden Person betrachte?***

- ***Gibt es Dinge, die ich anders machen würde, wenn ich die Zeit zurückdrehen könnte? Welche wären das und warum?***

- ***Wie kann ich die guten Zeiten ehren und die schwierigen Momente loslassen?***

- ***Auf welche Weise kann ich Vergebung – für die andere Person und für mich selbst – in diesen Prozess einbeziehen?***

- ***Welche Schritte kann ich unternehmen, um Frieden mit dem Ende dieser Beziehung zu finden?***

- ***Wie möchte ich zukünftige Beziehungen gestalten, und von welcher Qualität sollen diese Beziehungen sein? Was ist mir wichtig? Wie möchte ich mich in diesen Beziehungen fühlen, und was habe ich zu geben?***

Tod, Trauer, Verlust und Endlichkeit – sie gehören zum Leben. Sie zeigen uns, dass alles einer stetigen Veränderung unterliegt und die Dinge vergänglich sind, dass wir selbst vergänglich sind. Oft leben wir unbewusst, wir machen uns vor, dass wir noch genug Zeit haben oder blenden das Thema komplett aus, weil es unangenehm ist. Wir tun vielleicht so, als hätten wir noch ewig die Gelegenheit, bestimmte Dinge zu anzugehen. Wie oft passiert es, dass Menschen erst dann den Widerstand aufgegeben und etwas an ihrem Leben verändern, wenn sie der Angst gegenüberstehen oder – schlimmer noch – aufgrund eines Unfalls, einer Krankheit oder eines Herzinfarkts dem Tod in die Augen schauen. Ich kenne dafür unzählige Beispiele.

Erkenne die Notwendigkeit zu trauern jetzt und betrachte Trauer als einen Weg hin zu Liebe. Erkunde deine eigenen Geschichten von Tod, Angst, Verlust und Liebe. Setze dich mit ihnen auseinander und erlaube dir, all die schmerzhaften Geschichten zu betrauern und all die Momente der Liebe zu ehren, die du erlebt hast.

ENTSCHEIDE DICH FÜR LIEBE – BLEIB IN DER LIEBE

Ich lade dich jetzt ein, mit mir einen der kraftvollsten Schritte zu gehen, die wir als Menschen machen können: uns bewusst für die Liebe entscheiden. Ängste, Trauer und Vergänglichkeit zu erfahren, berührt jeder von uns und stellt uns vor Fragen, die tief in unser Herz reichen. Und genau dadurch schenkt uns das Leben eine unglaublich große Chance. Denn wir werden jedes Mal vor die Wahl gestellt, uns für die Liebe zu entscheiden. Wenn wir uns trauen, sie wirklich zu wählen, wird sie zu einer Haltung, einer Lebensweise, einer inneren Einstellung. Es ist die Entscheidung, Mitgefühl und Verständnis zu zeigen, nicht nur gegenüber anderen, sondern auch gegenüber uns selbst. Es ist die Entscheidung, aus dem Widerstand rauszugehen und stattdessen hinein in die Akzeptanz, um anzunehmen, was wir lieber von uns stoßen möchten. Es ist die bewusste Entscheidung, die Liebe über alles andere zu stellen, gerade dann, wenn es uns schwer oder unmöglich erscheint.

Stell dir vor, du stehst vor einem Spiegel. Der erste Impuls ist oft, zu kritisieren, was wir sehen. Doch ich lade dich ein, dieses Mal auf eine andere Art und Weise hinzusehen. Nicht flüchtig, sondern wirklich. Sieh dich mit den Augen der Liebe an – ohne Urteil, ohne Vorwürfe. Lass den Blick in den Spiegel heute keine Bewertung sein, sondern eine Begegnung. Ich lade dich ein, dich selbst zu sehen, wie du bist – mit Liebe. Dies ist der Anfangspunkt: bei dir zu bleiben, in all den Gefühlen, die hochkommen, in all dem Widerstand, den du fühlst, in all dem Trubel deines Lebens. Das ist es, was „Bleib in der Liebe“ bedeutet.

Wenn du dich im Spiegel betrachtest, begegnest du nicht nur dir selbst, sondern auch dem Echo all der Menschen, die dein Leben berühren. Jeder Mensch, dem du begegnest, ist ein Spiegel, der dir Teile von dir zeigt, die du vielleicht noch nicht gesehen hast. Manchmal sind es Teile, die du liebst, und manchmal sind es solche, die du lieber nicht sehen würdest. Aber genau hier, in dieser Reflexion, wird uns etwas Wertvolles gezeigt: Andere Menschen sind unsere Lehrer durch die wir lernen dürfen, in der Liebe zu bleiben. Diese Spiegel, die andere Menschen uns vorhalten, zeigen uns unsere Stärken, unsere Schwächen, unsere Ängste und unsere Hoffnungen. Indem wir anderen in Liebe begegnen, ehren wir nicht nur ihre Geschichten und Kämpfe, sondern auch unsere eigenen. Wann immer du einem Menschen begegnest, der auf irgendeine Art Gefühle in dir weckt, sei es Wut, Unbehagen oder die Lust zur Provokation etc., frage dich, warum das so ist. Gibt es vielleicht irgendetwas in dir, das du ablehnst, weil es auf eine Art und Weise selbst in dir lebt? Im Reiki nennt man so etwas „Schattenarbeit". Man legt sich sogar ein sogenanntes „Schattentagebuch" zu, in dem man über Begegnungen mit anderen Menschen schreibt und reflektiert, was die Gefühle, die andere in uns auslösen, mit uns selbst zu tun haben. Vielleicht gibt es gerade jemanden in deinem Leben, der dich besonders triggert oder herausfordert. Statt den anderen zu verurteilen oder ihm allein die Schuld an einer Situation zu geben, bleib in der Liebe und schau zuerst in dich selbst hinein. Bleib in der Liebe, auch wenn es herausfordernd ist, auch wenn die Spiegel, die andere uns vorhalten, Bilder zeigen, die wir vielleicht lieber vermeiden würden. Denn in der Liebe zu bleiben, selbst wenn wir konfrontiert oder getriggert werden, ist die Essenz, das macht unser persönliches Wachstum aus und kann die verschiedensten Situationen oder Beziehungen heilen. Die bewusste Entscheidung für Liebe ist ein Zeichen dafür, dass wir bereit sind, uns selbst und anderen zu vergeben und Licht in die dunklen Ecken unseres Herzens zu bringen.

Wenn du das nächste Mal jemandem begegnest, der dich herausfordert, darfst du dich erinnern: Dieser Mensch ist nicht dein Gegner, sondern vielmehr ein Verbündeter auf deiner Reise zur Selbstkenntnis. Was du erlebst und durch ihn lernst, kann dir viele wertvolle Erkenntnisse über deine Überzeugungen und die Themen in dir, die nach Aufmerksamkeit rufen, schenken. Jedes Gefühl, jede Reaktion, die in dir aufkommt, ist eine Gelegenheit, zu lernen und zu wachsen. Es ist eine Chance, in der Liebe zu bleiben, indem du dich selbst und den anderen akzeptierst.

Wir alle sind auf diesem Pfad, wir alle lernen, wir alle streben danach, zu verstehen und verstanden zu werden. Wenn wir uns daran erinnern, können wir mit mehr Sanftheit, mehr Geduld und tieferem Mitgefühl durchs Leben gehen. Wir können andere und uns selbst in der wahren Schönheit unseres Seins sehen. Denn in der Liebe zu bleiben, bedeutet, sich selbst und anderen zu erlauben, voll und ganz Mensch zu sein – mit allem, was dazugehört.

In jedem Moment, in dem wir Freundlichkeit wählen, in dem wir uns für Verständnis statt Urteil entscheiden, öffnen wir uns für die wahre Kraft der Liebe.

Tief in unseren Herzen lebt eine Wahrheit, die unmissverständlich ist: Das Leben jedes Menschen ist einzigartig und unermesslich wertvoll. Jeder ist auf der eigenen Reise, hat eine eigene Geschichte. Von außen sehen wir nur eine Seite, doch nie die ganze Geschichte, die ein Mensch mitbringt. Im Buddhismus gibt es ein Sprichwort, das besagt: „Jedes Ding hat drei Seiten: eine, die du siehst, eine, die ich sehe und eine, die wir beide nicht sehen."

Erinnern wir uns an die Ahnenthemen: In jedem Leben wirkt sehr wahrscheinlich auch etwas, das gerade niemand sehen kann. Wenn du beginnst, die Komplexität und Tiefe deiner eigenen

Geschichte zu erforschen, dann verstehst du auch, dass es unzählige Gründe gibt, warum Menschen sind, wie sie sind und handeln, wie sie handeln. Wenn du tiefer in deine eigene Geschichte blickst und sie erkundest, kannst du erahnen, wie vielschichtig die Geschichten sind, die andere Menschen in sich tragen. Wenn wir uns das bewusst machen, können wir mit mehr Liebe und Mitgefühl auf andere zugehen, denn dann verstehen wir, dass Veränderungsprozesse manchmal Zeit brauchen. In der Liebe zu bleiben, bedeutet, geduldig zu sein mit sich selbst und mit anderen. Es bedeutet, mir die Zeit zu nehmen, erst einmal meine eigene Geschichte zu lesen, bevor ich über das Lebensbuch eines anderen urteile, ohne es wirklich zu kennen.

Wenn wir uns auf andere konzentrieren, um uns selbst aufzuwerten, dann bauen wir dicke Mauern. Wir stellen uns selbst auf einen Sockel, der wacklig steht, weil er auf den Schwächen anderer Menschen ruht. Doch wir werten unser Leben nicht auf, wenn wir andere abwerten, sondern nur, wenn wir unsere eigenen Fortschritte, unser eigenes Wachstum erkennen und feiern. Wenn wir unsere eigenen Fähigkeiten und Stärken anerkennen. Wenn wir uns selbst lieben. Es geht darum, unsere eigenen Pfade zu beleuchten, nicht darum, Schatten auf die Wege anderer zu werfen.

Wenn wir uns entscheiden, bei uns zu bleiben, wählen wir, unsere Energie in unser eigenes Wohlergehen und das unserer Mitmenschen zu investieren. Wenn wir in der Liebe bleiben, erkennen wir, dass jedes Urteil, das wir fällen, in Wahrheit ein Fenster öffnet, das uns in unser eigenes Inneres schauen lässt und uns zeigt, was in uns selbst Heilung sucht. Zu erkennen, dass wir alle auf einer je eigenen Reise sind, mit unseren eigenen Kämpfen und Triumphen, erlaubt uns, Mitgefühl und Verständnis zu entwickeln, auch wenn wir vielleicht nicht immer nachvollziehen können, warum andere Menschen so handeln oder leben, wie sie es tun.

In der Liebe und bei sich selbst zu bleiben, bedeutet, sich selbst so viel Anerkennung zu schenken, dass es nicht länger nötig ist, sich im Licht anderer zu sonnen oder andere abzuwerten. Und hier schließt sich der Kreis: Der Prozess der Selbstkenntnis, über den ich in den Kapiteln „Glaube“ und „Schreibe“ gesprochen habe, ist essenziell, denn nur, wenn wir uns selbst wirklich verstehen – unser Warum, unsere Ziele und den Platz, den wir in dieser Welt einnehmen –, können wir ein erfülltes Leben führen. Dieses tiefe Verständnis unseres Selbst gibt uns die Freiheit, auf Vergleiche mit anderen zu verzichten. Es ermöglicht uns, anzuerkennen, dass wir immer auf dem richtigen Weg sind – genau da, wo wir jetzt sind, mit dem Körper, den wir haben, den Talenten, die in uns liegen und den Lebensumständen, die uns umgeben. Wenn wir uns unserer individuellen Stärken und Talente bewusst werden, erkennen wir, dass wir einzigartig sind und unsere eigene Lebensgeschichte haben. Dieses Bewusstsein hilft uns, mit mehr Mitgefühl und weniger Verurteilungen anderen gegenüber durch das Leben zu gehen. Es ist die Grundlage dafür, dass wir aufhören, uns selbst zu kritisieren und stattdessen lernen, jeden Aspekt unseres Seins zu umarmen.

Während einem meiner Reiki-Seminare habe ich eine Karte mit einem wunderschönen Spruch geschenkt bekommen, der bis heute über meinem Schreibtisch hängt: „Nimm deinen Platz ein. Es ist der einzige Platz, wo du hingehörst.“

Wir sind nie umsonst da, wo wir gerade sind. Überall lernen wir etwas. Überall gehen wir in Beziehung, treffen Menschen, die uns etwas lehren oder wir ihnen. Deshalb können wir lernen, allem mit Liebe zu begegnen. Oder wie Brené Brown es ausdrückt: „Sich unsere Geschichte zu eigen zu machen und uns in diesem Prozess zu lieben, ist das Mutigste, was wir je tun werden.“

Ja, mache dir deine Geschichte zu eigen, erkunde sie schreibend und lerne, sie zu lieben. Das Journaling hat mir dabei geholfen, meine Herausforderungen zu akzeptieren. Heute kann ich anders mit ihnen umgehen. Mehr noch: Ich habe gelernt, sie zu lieben. Denn ich erkenne an ihnen, dass etwas Neues ansteht, dass ich wachse, dass ich den Berg erklimme. Ein spiritueller Lehrer hat einmal zu mir gesagt, ich solle diesen Berg nicht kopflos hochmarschieren und dabei leiden, weil sich alles so schwer anfühlt. Ich solle stattdessen innehalten, atmen und die Aussicht genießen, die sich mir jetzt schon bietet. Liebe ist diese Aussicht. Halte inne und blicke auf die Liebe, die jetzt schon überall in deinem Leben vorhanden ist.

Liebe ist nicht nur in den großen Gesten oder den tiefen Verbindungen zu anderen Menschen. Sie zeigt sich auch in den kleinen Dingen, den Alltäglichkeiten, die wir manchmal als selbstverständlich ansehen. Es ist das warme Bett, in das du dich abends einkuscheln kannst, der Rat eines Freundes, der dir hilft, eine schwierige Entscheidung zu treffen, oder das warme Lächeln eines Fremden, die Zuneigung deines Haustieres. Liebe zeigt sich mir darin, dass meine Schwiegereltern uns ein leckeres Essen kochen, dass meine Kollegin mir einfach so ein Buch kauft, weil sie weiß, dass es mir gefällt. Dass eine Freundin mir eine Flasche selbst gemachten Quittenlikör vor die Tür stellt und mir eine liebe Nachricht schreibt, um mich beim Schreiben zum Durchhalten zu motivieren. Dass eine Leserin mir eine E-Mail schickt, in der steht, dass ich ihr Vorbild sei und sie dazu inspiriere, ihren eigenen Weg zu gehen. Dass mein Mann abends Pizza backt, damit ich direkt nach dem Schreiben eine warme Mahlzeit in den Bauch bekomme. Ich könnte diese Liste unendlich fortsetzen. Da ist so viel Liebe in meinem Leben, und ich bin sicher, auch in deinem. Wir dürfen nur anfangen, sie wahrzunehmen, als das, was sie ist und sie annehmen.

Nimm dir einen Moment Zeit und denke an die letzten Tage zurück. Kannst du Momente erkennen, in denen Liebe in einer einfachen Handlung ausgedrückt wurde? Vielleicht hat dir jemand die Tür aufgehalten, dir aufmunternd zugenickt oder dir Mut gemacht, als du gerade am Zweifeln warst. Suche bewusst nach den kleinen Dingen, die dir Freude bereitet haben. Denn das sind nicht einfach nur belanglose Freundlichkeiten. Betrachte ab jetzt jedes einzelne dieser Ereignisse als Akt der Liebe. Schreibe diese Momente auf. Sie sind kostbare Beweise dafür, dass Liebe überall um dich ist, in jedem Winkel deines Lebens, in jedem Atemzug.

In jedem Moment, in dem du innehältst und ganz bewusst die Liebe wählst, entscheidest du dich, geduldig zu sein. Mit dir selbst, mit deiner Geschichte und mit den Geschichten, die jeder andere Mensch mit sich trägt. Liebe ist die Geduld, die wir aufbringen, wenn wir die Komplexität eines jeden Lebens erkennen und verstehen, dass Veränderung Zeit braucht. Wenn du nun vor diesem Spiegel stehst und dich anschaust, frage dich: Bin ich bereit, mich für Liebe zu entscheiden? Bin ich bereit, damit aufzuhören, mich selbst zu verurteilen? Bin ich bereit, mir selbst die Zeit und Liebe zu geben, um meine Geschichte zu erkunden?

Entscheide dich für Liebe – nicht nur in den scheinbar wichtigen, großen oder bedeutungsvollen Momenten, sondern gerade in den kleinen alltäglichen Augenblicken. Denn dort zeigt sich die wahre Liebe – in der Art, wie du dich selbst und andere betrachtest, wie du mit dir und anderen sprichst und wie du deine eigene Geschichte schreibst.

Nimm diese beiden Sätze mit als Erinnerung in deinen Alltag.

Ich entscheide mich für Liebe.

Ich bleibe in der Liebe.

Beide Aussagen ähneln sich in ihrer Grundintention, weil sie eine innere Haltung der Liebe fördern, doch sie haben unterschiedliche Nuancen.

Der Satz „Ich entscheide mich für Liebe" betont die Wahl, die ich habe. Er erinnert mich daran, dass ich in jedem Augenblick eine neue Entscheidung treffen kann. Er erinnert mich daran, dass ich mich aktiv und bewusst dafür entscheiden kann, liebevoll zu handeln oder zu fühlen, anstatt mich von Gefühlen wie Hass, Wut oder Angst überwältigen zu lassen. Dieser Satz unterstreicht die Macht, die wir in Wahrheit alle haben.

„Ich bleibe in der Liebe" kannst du als eine andauernde Praxis verstehen oder als einen Zustand, in dem du bereits bist. Wenn du dich bereits in einem Raum der Liebe befindest, dann übe, dort zu bleiben, auch wenn äußere Umstände oder deine Gefühle gerade herausfordernd sind. Ich sage mir diesen Satz im Stillen, wenn ich mich selbst daran erinnern möchte, in einer liebevollen Haltung zu verweilen, auch wenn mich gerade etwas ärgert oder ich es mit einer Person zu tun habe, die mich herausfordert. Das heißt nicht, dass ich keine Grenzen mehr setzen darf, sondern wenn ich es tue, dass ich es aus einer Haltung der Liebe heraus machen.

Zusammen sind sie wie ein Mantra durch das ich mir jeden Tag aufs Neue bewusst mache: Liebe ist eine bewusste Wahl, die ich treffen kann und auch eine beständige Haltung. Du kannst diese Sätze als kleine Übung täglich in dein Notizbuch notieren, um dich bewusst mit der Kraft der Liebe zu verbinden. Ich bin sicher, du wirst einen Unterschied spüren, wenn du das regelmäßig in deinen Alltag einbaust. Wenn du beide Sätze oder einen der Sätze morgens nach dem Aufstehen notierst, dann richtest du dich für den Tag bewusst auf die Liebe aus. Dein Unterbewusstsein nimmt diese Worte um ein Vielfaches stärker auf, wenn du sie schriftlich festhältst. Liebe schwingt in deinem Energiefeld, wenn du diese Worte mit in deinen Tag nimmst.

ZUSAMMENFASSUNG UND REFLEXION

In diesem dritten Kapitel haben wir uns mit einem Thema beschäftigt, das uns alle bewegt: die Liebe. Schreibend kannst du erkunden, was Liebe für dich persönlich bedeutet und welches Bild von Liebe du in dir trägst. Liebe ist eine Zauberkraft, die es vermag, unser Leben von Grund auf zu transformieren und zu heilen. Doch dafür ist es notwendig, dass wir uns trauen, unser Herz zu öffnen, all die Liebe, die längst in uns wohnt, zu befreien und sie von innen nach außen strahlen zu lassen. Das können wir tun, indem wir uns bewusst mit unseren Ängsten, unserem Schmerz und mit den Themen Tod, Verlust und Trauer beschäftigen. Denn der Weg zu einem geheilten Herzen führt nicht über den Widerstand, sondern über die Annahme. Liebe ist nicht nur ein Gefühl, sondern eine Lebenseinstellung. Wir können uns jederzeit bewusst für die Liebe entscheiden und auch dafür, in einem Gefühl der Liebe zu bleiben.

SCHREIBIMPULS

Bevor du in das nächste Kapitel eintauchst, möchte ich dich bitten, dass du dir einen Augenblick der Stille und Reflexion schenkst. Blicke innerlich auf das zurück, was du bis hierher gelesen hast, und nimm dir dann fünf Minuten Zeit, um eine (oder mehrere) der nachfolgenden Fragen schriftlich zu erkunden. Lies dir zunächst alle Schreibimpulse durch und entscheide dich für den, der dich am meisten anspricht. Stelle dir einen Timer auf fünf Minuten und schreibe zügig und ohne den Stift abzusetzen.

- ***Überraschungsmoment: Gab es einen Moment oder Gedanken beim Lesen, der dich besonders überrascht hat? Warum hat dieser Moment dich so berührt?***

- ***Persönliche Resonanz: Mit welchem Aspekt zum Thema Liebe bist du am meisten in Resonanz gegangen? Was ist dir am deutlichsten in Erinnerung geblieben?***

- ***Neugierde und Interesse: Welche Gefühle und Erkenntnisse sind während des Lesens in dir hochgekommen?***

Lies dir anschließend durch, was du geschrieben hast, und gib dir selbst ein Feedback. Dazu kannst du folgende Impulse nutzen:

Wenn ich das lese bemerke ich …

Ich stelle fest, dass …

Im bin neugierig in Bezug auf …

Wie fühlt sich mein Körper dabei an?

Gibt es irgendwelche Schritte, die ich angehen möchte? Wenn ja, welche?

JOURNALING-IMPULSE UND ÜBUNGEN

Vielleicht hat allein schon das Lesen der ersten drei Kapitel tief in dir etwas bewegt oder Prozesse angestoßen. Vielleicht hast du beim Lesen schon damit begonnen, innerlich die Fragen zu beantworten, die ich zwischendurch immer wieder gestellt habe. Oder du hast sogar schon angefangen zu schreiben. Egal an welchem Punkt du jetzt stehst: Mit diesem vierten Kapitel lade ich dich ein, die Themen und Aspekte der vorigen Kapitel konkret auf dein Leben anzuwenden.

Neben Journaling-Impulsen in Form von Fragen findest du nachfolgend die Übung „In Liebe neu schreiben“. Außerdem habe ich Gedichte für dich ausgewählt, die einzelne Themen des Buches vertiefen. Zu diesen Gedichten findest du ebenfalls verschiedene Schreibimpulse.

All die Fragen sollen dir helfen, tief in dich hineinzuhorchen. Vielleicht sind Fragen darunter, denen du bisher ausgewichen bist oder die einfach noch nie im Raum standen. Sie können dir einen Zugang zu den tieferen Schichten deines Unterbewusstseins eröffnen und dir dabei helfen, die Stimme deines Herzens zu hören. Sie unterstützen dich, eine Verbindung zu deiner Verletzlichkeit, deiner inneren Weisheit und deinen tiefsten Wünschen und Bedürfnissen herzustellen.

Bleibe während des Schreibens wachsam für die kritische Stimme, die sich manchmal einschleicht – sie ist ein Echo dessen, was du glaubst. Wenn du die Impulse aufgreifst, horche auf die Überzeugungen, die sich zeigen. Nach dem Schreiben (tagsüber, abends oder sogar nachts) kann es sein, dass deine Schreibübung in dir weiterarbeitet und bis dahin unbewusste negative Überzeugungen in dein Bewusstsein rücken. Es kann passieren, dass dir neue Gedanken auffallen oder dir plötzlich Lösungen und Erkenntnisse kommen. Nimm alles wahr und notiere sie, wenn möglich, damit du später weiter mit ihnen arbeiten kannst. Am besten ist es, du trägst immer ein kleines Notizbuch bei dir, um dir jederzeit aufschreiben zu können, was dir an neuen Gedanken durch den Kopf gehen oder welche Botschaften dir begegnen, die das Leben dir schickt. Denn es geht darum, dass du dich selbst beobachtest und dein Leben bewusster wahrnimmst.

IN LIEBE NEU SCHREIBEN

Diese Übung lädt dich ein, eine Geschichte, einen Glaubenssatz, eine Erinnerung oder etwas anderes, für das du dir Veränderung wünschst, zu transformieren und mit positiven Intentionen neu zu belegen.

Dazu vervollständigst du den Satz:

In Liebe schreibe ich neu …

Hierbei geht es darum, in einem bewussten Akt der Selbstreflexion und Neuausrichtung die eigenen Gedanken und Überzeugungen in einem Licht der Liebe und Akzeptanz zu betrachten und neu zu formulieren. Das kann ein sehr persönlicher und transformierender Prozess sein, der es dir ermöglicht, dich von alten Mustern zu lösen und dein Leben und dein Handeln aus einer neuen Perspektive zu betrachten.

Es kann sein, dass du beim Schreiben auf Widerstände stößt, weil du es gewohnt bist, auf eine bestimmte Art und Weise zu denken. Die Herausforderung liegt darin, dich diesen Widerständen zu stellen und dennoch bewusst zu wählen, in Liebe neu zu schreiben. Es ist ein Akt der Selbstliebe und des Glaubens an deine eigene Fähigkeit zur Veränderung und Wachstum. Diese Übung kannst du auf verschiedene Art und Weise durchführen, als tägliches Ritual, bei dem du dich auf einen bestimmten negativen Glaubenssatz konzentrierst und diesen umschreibst, oder als Teil einer tieferen Meditations- oder Journaling-Praxis, bei der du dir mehr Zeit nimmst, um verschiedene Aspekte deines Lebens ausführlicher in Liebe neu zu betrachten und zu formulieren. Indem du ein Thema, das dich gerade beschäftigt bewusst „neu schreibst“, gibst du dir die Möglichkeit, deine Vergangenheit oder Gegenwart aus einer anderen positiveren Perspektive zu betrachten. Es ist eine aktive Form der Transformation. Denn hier bist du Schöpfer deiner Realität. Es geht nicht nur um logisches oder rationales Denken, sondern darum, die Kraft der Liebe und des Mitgefühls in deinen tiefen Prozess der Veränderung einzubeziehen. Du verbindest dich auf einer tieferen Ebene mit deinen Wünschen und Hoffnungen.

Diese Methode unterscheidet sich von klassischen positiven Affirmationen, da es sich um einen dynamischen Prozess handelt – das Neuschreiben. Es zeigt deinem Unterbewusstsein, dass du aktiv an der Gestaltung deiner eigenen Geschichte arbeitest, statt nur positive Sätze zu wiederholen. Die Formulierung „In Liebe neu schreiben" ermutigt dich, kreativ zu sein, zu reflektieren, worum es dir wirklich in der Tiefe geht, und genau zu formulieren, was du möchtest. Diese Übung lädt dich dazu ein, deine eigenen Gedanken und Gefühle auf Papier zu bringen und dabei deine individuellen Ausdrucksformen zu finden. Es geht darum, eine bewusste Wahl zu treffen, die eigene Geschichte, die eigenen Überzeugungen oder Erlebnisse in einem neuen Licht zu sehen und diese mit Liebe und positiver Absicht neu zu formulieren.

„In Liebe neu schreiben" bedeutet, Aspekte deines Lebens anzunehmen, die du bisher vielleicht vermieden oder abgelehnt hast. Statt gegen das zu kämpfen, was ist, erlaubst du dir, es liebevoll zu umarmen und neu zu definieren. Du verlagerst den Fokus von der Vergangenheit, von Einschränkungen oder Widerstand darauf, einen positiven und ermächtigenden Zustand in die Gegenwart und Zukunft zu schaffen. Außerdem schreibst du das Wort Liebe auf, ein Wort, das eine kraftvolle, positive Schwingung in sich trägt. Indem du es aufschreibst, denkst du es auch und verbindest dich bewusst mit seiner Energie. Denn du erinnerst dich: Worte sind Energieträger. Auch hier reichen fünf Minuten aus, um einen kleinen, aber bedeutenden Unterschied in deiner Wahrnehmung und deinem Lebensgefühl zu bewirken.

Um den Satz „In Liebe schreibe ich neu …“ am kraftvollsten wirken zu lassen, ist es wichtig, ihn mit einer Aussage zu ergänzen, die positiv, bestärkend und zukunftsgerichtet ist. Lege deinen Fokus darauf, dir einen neuen, positiven Zustand zu erschaffen.

Lass uns das Ganze konkret anschauen: Wenn du zum Beispiel Angst hast, von deinem Partner verlassen zu werden, kannst du die Methode „In Liebe neu schreiben“ anwenden, um dir diese Angst anzuschauen und sie umzuwandeln.

ERKENNE DIE ANGST AN

Beginne damit, deine Angst anzuerkennen, ohne sie zu bewerten. Schreibe sie auf, um sie greifbar zu machen. Zum Beispiel: „Ich erkenne an, dass ich große Angst davor habe, von meinem Partner verlassen zu werden.“

VERSTEHE DEN ZUGRUNDE LIEGENDEN GLAUBENSSATZ

Oft ist eine solche Angst auf einen tiefer liegenden Glaubenssatz zurückzuführen. Vielleicht glaubst du, nicht genug zu sein oder dass Liebe nicht beständig ist. Erkunde also schreibend, welche Überzeugung hinter deiner Angst steht.

ENTSCHEIDE DICH FÜR EINE NEUE ÜBERZEUGUNG IN LIEBE

Wähle dann eine neue Überzeugung, die von Selbstliebe und Vertrauen geprägt ist. Beispielsweise: „Ich bin es wert, geliebt zu sein, und ich vertraue darauf, dass ich Beziehungen aufbauen kann, die auf gegenseitigem Respekt und Zuneigung basieren."

SCHREIBE DEINE GESCHICHTE NEU IN LIEBE

Nutze nun die Formel „In Liebe schreibe ich neu, dass ...", um deine neue Überzeugung zu festigen und deine Geschichte neu zu gestalten.

Zum Beispiel: „In Liebe schreibe ich neu, dass ich eine tiefe und beständige Liebe verdiene und aufbauen kann. Ich vertraue darauf, dass ich geliebt bin, nicht für das, was ich tue, sondern dafür, wer ich bin. Ich glaube daran, dass die Liebe mich führt.

DER UNTERSCHIED ZU AFFIRMATIONEN

Vielleich fragst du dich jetzt, was diese Übung vom Wiederholen von Affirmationen unterscheidet. Und ja, sie ähnelt zwar dem Schreiben von Affirmationen, geht aber einen Schritt weiter, indem sie das bewusste Umformulieren von Glaubenssätzen und Ängsten in eine liebevolle und akzeptierende Sprache einschließt. (Ich hatte ja bereits erwähnt, dass du dich allein schon durch das Aufschreiben des Wortes Liebe mit dieser positiven Energie verbindest.) Der Unterschied liegt darin, dass du nicht nur positive Aussagen wiederholst, sondern aktiv die Geschichten in deinem Kopf neu gestaltest und sie mit einem liebevollen und heilenden Kontext umrahmst. Es ist dabei ganz normal, dass du am Anfang deinen eigenen Aussagen gegenüber skeptisch bist, vor allem dann, wenn du neue Überzeugungen formulierst, die du noch nicht ganz verinnerlicht hast.

Wie kannst du mit dieser Skepsis umgehen?

BEGINNE MIT KLEINEN SCHRITTEN

Statt direkt zu versuchen, eine tiefe Überzeugung umzuschreiben, fange mit etwas an, das du eher glauben kannst. „In Liebe schreibe ich neu, dass ich offen dafür bin, zu lernen, dass ich liebenswert bin."

NUTZE BEDINGTE AUSSAGEN

Wenn „Ich bin liebenswert" gerade viel zu weit weg oder unmöglich erscheint, kannst du es mit bedingten Formulierungen versuchen, wie „In Liebe schreibe ich neu, dass ich mich auf den Prozess einlasse, zu erkennen, dass ich liebenswert bin."

VERBINDE ES MIT DANKBARKEIT

Integriere, was du bereits anerkennst und wofür du dankbar bist. Zum Beispiel: „In Liebe schreibe ich neu, dass ich dankbar für die Liebe bin, die ich bereits in meinem Leben erfahren habe und dass ich offen dafür bin, mehr davon zu empfangen.“

FÜGE HANDLUNGEN HINZU

Manchmal hilft es, Affirmationen mit konkreten Aktionen zu verbinden, um sie glaubwürdiger zu machen. „In Liebe schreibe ich neu, dass ich jeden Tag kleine Schritte unternehme, um mir selbst zu zeigen, dass ich Liebe wert bin.“

WIEDERHOLUNG

Wiederhole die neuen Sätze regelmäßig. Denn unser Gehirn liebt Wiederholungen und stärkt genau dadurch neue Verbindungen zwischen unseren Zellen im Gehirn. Regelmäßiges Wiederholen trägt deshalb dazu bei, dass du immer mehr glauben kannst, woran du gerne glauben möchtest und dass du dich mehr und mehr auf die positive Energie in deinem Leben ausrichtest.

EMOTIONALE VERBINDUNG

Versuche, die neue Aussage mit einem starken positiven Gefühl zu verbinden. Erinnere dich an eine Zeit, in der du dich geliebt und geschätzt gefühlt hast, und schreibe von diesem emotionalen Ort aus.

VISUALISIERUNG

Stelle dir vor, wie es sich anfühlt, wenn die neue Überzeugung wahr wäre. Wie würde dein Leben aussehen? Wie würdest du dich verhalten? Wie würden andere auf dich reagieren? Und vor allem: Wie würdest du dich fühlen? Denn du erinnerst dich: Gefühle sind wie kleine Motoren. Gefühle manifestieren.

GEDULD UND MITGEFÜHL

Sei geduldig mit dir selbst und erkenne an, dass Veränderungen Zeit brauchen. Es ist in Ordnung, Zweifel zu haben. Behandle dich selbst mit demselben Mitgefühl, das du einem Freund entgegenbringen würdest, den du liebst.

JOURNALING-IMPULSE ZUM THEMA GLAUBE: TIEF IN DAS WESENTLICHE EINTAUCHEN

Mithilfe der folgenden Fragen kannst du dir anschauen, woher deine Glaubenssätze und tiefsten Überzeugung kommen und wie sie dein Leben beeinflussen. Die Fragen helfen dir, zu erkennen, was du wirklich glaubst und wie du deine Realität bewusst gestalten kannst.

Was würde ich tun, wenn ich wüsste, dass ich von allen geliebt und akzeptiert werde, egal was passiert?

In welchen Momenten fühle ich mich am lebendigsten und warum? Was sagt das über mein wahres Selbst aus?

Welche Träume habe ich aufgegeben, weil ich dachte, sie seien nicht realisierbar oder würden von anderen nicht anerkannt?

Welche tiefen Wünsche habe ich, die ich aus Angst vor Ablehnung oder Versagen unterdrücke?

Wie würde ich mein Leben gestalten, wenn ich vollkommenes Vertrauen in das Universum oder eine höhere Macht hätte?

In welchen Momenten spüre ich eine Verbindung zu etwas Größerem als mir selbst, und wie kann ich diese Momente häufiger erleben?

Wenn ich alle gesellschaftlichen Normen und Erwartungen beiseitelassen könnte, wie sähe dann meine Vision für mein ideales Leben aus?

Welche Verhaltensweisen oder Glaubenssätze meiner Familie möchte ich bewusst weiterführen und welche nicht?

Gibt es etwas, das ich tief in mir als wahr empfinde, auch wenn es meiner aktuellen Lebensweise widerspricht?

In welchen Bereichen meines Lebens fühle ich mich am meisten von der Zustimmung im Außen abhängig, und wie kann ich meine innere Zustimmung stärken?

Welche Überzeugungen halte ich fest, weil sie mir Sicherheit geben? Bin ich bereit, sie für persönliches Wachstum loszulassen?

Welche Überzeugungen und Verhaltensmuster in meinem Leben könnten ihre Wurzeln in den Erfahrungen meiner Ahnen haben? Wie beeinflussen sie mein heutiges Leben?

Gibt es Geschichten oder „Legenden" in meiner Familie, die bestimmte Glaubenssätze oder Lebensweisen prägen? Welchen Einfluss haben sie auf mein Selbstbild?

Welche wiederkehrenden Themen oder Herausforderungen kann ich in der Geschichte meiner Familie erkennen, und wie spiegeln sich diese in meinen eigenen Lebensentscheidungen wider?

Welche Rollen und Erwartungen wurden in meiner Familie von Generation zu Generation weitergegeben, und inwieweit entsprechen oder widersprechen sie meinen persönlichen Überzeugungen?

Welche emotionalen Muster oder Verhaltensweisen habe ich möglicherweise von meinen Vorfahren geerbt? Wie fühlt es sich an, diese zu erkennen und möglicherweise zu verändern?

Gibt es Aspekte in meiner Familiengeschichte, die Vergebung oder Heilung benötigen? Wie könnte ich dazu beitragen, diese Heilung herbeizuführen?

Welche Stärken oder Talente könnten mir durch meine Ahnenlinie vererbt worden sein, und wie kann ich diese mehr in meinem Leben zum Ausdruck bringen?

Welche meiner persönlichen Werte stehen im Konflikt mit den traditionellen Werten meiner Familie, und wie gehe ich mit diesem Konflikt um?

Fühle ich eine spirituelle Verbindung zu meinen Ahnen, und wenn ja, wie beeinflusst diese mein Leben und meinen Glauben?

Welches Erbe möchte ich aus meiner Ahnenlinie bewusst weiterführen, und welches möchte ich hinter mir lassen, um meinen eigenen Weg zu gehen?

Wie würde sich mein Leben verändern, wenn ich meinen tiefsten Glauben, dass alles im Universum miteinander verbunden ist, in jeder Handlung zum Ausdruck bringe?

Welche Überzeugungen habe ich über das Wesen der Realität, und wie formen sie meine alltäglichen Entscheidungen?

Wenn ich mir vorstelle, dass mein Leben selbst eine Art Glaubensbekenntnis ist, was sagt es dann über meine tiefsten Überzeugungen aus?

Wie hat das, was ich über Vergebung und Versöhnung glaube, meine Beziehungen und mein Selbstbild geprägt?

Gibt es eine tiefere Bedeutung oder ein Warum hinter den Herausforderungen, die ich erlebe? Was könnte das Universum mir durch diese Erfahrungen sagen wollen?

Wenn ich die Werte und Glaubenssätze meiner Kultur und der Gesellschaft, in der ich lebe, kritisch betrachte: Welche nehme ich bewusst an, und welche lehne ich bewusst ab, um meiner eigenen Wahrheit treu zu bleiben?

Wie würde ich leben, wenn ich glauben würde, dass jeder meiner Gedanken und Handlungen die Welt um mich herum zum Positiven verändern kann?

Wie sieht das größte Geschenk aus, das ich meinen Nachkommen hinterlassen möchte, in Form von Weisheit, Glauben oder Lebenshaltung?

Welche Glaubenssätze habe ich über das Altern und den Einfluss des Alters auf mein Leben und meine Fähigkeiten?

Was würde ich anders machen, wenn ich glauben würde, dass ich bereits alles in mir trage, was ich zum Erfolg brauche?

Wie würde ich mein tägliches Leben gestalten, wenn ich der Überzeugung wäre, dass jede Handlung, egal wie klein, im Universum nachhallt?

Was würde ich heute ändern, wenn ich wirklich glauben würde, dass meine innere Führung und Intuition mich niemals fehlleiten können?

JOURNALING-IMPULSE ZUM THEMA LIEBE: DAS HERZ SPRECHEN LASSEN UND DIE KRAFT DER LIEBE IN DEINEM LEBEN AKTIVIEREN

Diese Fragen können dich inspirieren, Selbstliebe zu leben, mehr Mitgefühl zu entwickeln und liebevolle Entscheidungen für dich und in deinen Beziehungen zu treffen. Sie helfen dir, eine tiefere Verbindung zur Liebe herzustellen, die heilend und transformativ wirken kann.

Liebe ich mein Leben, so wie es gerade ist?

Liebe ich mich in meinem Leben? Wenn mir das schwerfällt, warum?

Was sind die liebevollsten Worte, die ich mir selbst sagen könnte, und warum fällt es mir manchmal schwer, sie zu glauben?

Wie stelle ich mir eine Welt vor, in der bedingungslose Liebe die Norm ist, und wie kann ich heute damit beginnen, in meiner eigenen Welt so zu leben?

Wie definiere ich Liebe, und wie kann ich diese Definition in mein tägliches Leben integrieren?

Was bedeutet es für mich, mir selbst Liebe zu zeigen, und in welchen konkreten Handlungen drückt sich diese Selbstliebe aus?

Welche Verhaltensweisen oder Gedankenmuster möchte ich loslassen, um mehr Liebe in mein Leben einzuladen?

Was bedeutet es für mich, anderen gegenüber Mitgefühl zu zeigen, auch wenn es schwerfällt, und wie kann ich dies praktizieren?

Wie würde ich handeln, wenn ich Liebe als die stärkste Kraft in meinem Leben verankern würde – welche Entscheidungen würde ich treffen?

Welche alten Wunden benötigen meine Liebe und Aufmerksamkeit, um heilen zu können? Wie kann ich diesen Prozess beginnen?

Wie kann ich liebevolle Güte in Momenten der Wut oder Frustration praktizieren? Welche Auswirkungen könnte dies auf mein Leben haben?

Welche Taten der Liebe kann ich heute vollbringen, die nicht nur mein Leben, sondern auch das meiner Mitmenschen bereichern?

Was sind die tiefsten Wünsche meines Herzens, die ich vielleicht aus Angst oder Unsicherheit unterdrückt habe? Wie fühlt es sich an, diese Wünsche anzuerkennen und aufzuschreiben?

Auf welche Weise kann ich mir heute selbst Liebe zeigen? Welche Handlungen oder Gedanken würden mir ein Gefühl von Wertschätzung und Akzeptanz geben?

Gibt es jemanden – vielleicht auch mich selbst – dem ich vergeben darf, um weiterzugehen? Wie kann ich diesen Akt der Vergebung als Ausdruck meiner Liebe verstehen und umsetzen?

Wie kann ich in Momenten der Herausforderung oder des Schmerzes Liebe wählen? Welche liebevollen Gedanken oder Handlungen könnten mir in diesen Zeiten helfen?

Wie würde mein Alltag aussehen, wenn ich jede Entscheidung, jede Handlung aus einem Zustand der Liebe heraus treffen würde? Welche Veränderungen würde das für mich und mein Umfeld mit sich bringen?

Wenn ich in stillen Momenten tief in mich hineinhöre, was sagt mein Herz? Welche Botschaften oder Erkenntnisse kommen in diesen Momenten der Ruhe zum Vorschein?

Was bedeutet bedingungslose Liebe für mich, und wie kann ich beginnen, sie in meinem Leben zu praktizieren, sowohl mir selbst als auch anderen gegenüber?

In welchen Momenten fühle ich eine tiefe Verbindung zu meinem Herzen? Wie kann ich diese Momente vermehren, und was können sie mir über meinen Lebensweg erzählen?

Für welche Aspekte in meinem Leben fühle ich tiefste Dankbarkeit? Wie kann ich diese Dankbarkeit ausdrücken und dadurch mehr Liebe in mein Leben ziehen?

Wie hat der Gedanke an die Vergänglichkeit meines Lebens meine Fähigkeit beeinflusst, Liebe zu geben und zu empfangen?

Welche Lektionen über Liebe habe ich durch den Prozess der Trauer gelernt?

In welcher Form habe ich Liebe erlebt, die über den Tod hinausgeht? Was hat mir das über die Natur der Liebe gezeigt?

Was würde ich anders machen, wenn ich Liebe als meine Reaktion auf Angst wählen würde?

Bei welchem Menschen fällt es mir schwer, ihm mit Liebe zu begegnen? Warum glaube ich, ist das so?

Welche Schritte kann ich unternehmen, um mehr Liebe auszustrahlen, selbst in Situationen, die von Trauer und Verlust geprägt sind?

Wie würde ich heute leben, wenn ich jeden Moment als eine Gelegenheit zur Liebe betrachten würde, unabhängig von den Umständen?

Welche Akte der Liebe in meinem Leben hatten die größte transformative Wirkung auf mich oder andere?

Welche Ängste habe ich im Zusammenhang mit Liebe und Intimität? Wie könnte ich durch Schreiben einen Weg finden, mich ihnen zu stellen und sie zu überwinden?

Glaube ich, dass ich mich jeden Tag bewusst aufs Neue für Gedanken der Liebe entscheiden kann, mir selbst und anderen gegenüber? Oder regt sich hier ein Widerstand in mir? Wenn ja, welcher?

Wo spüre ich einen Mangel an Liebe in meinem Leben? Welche Lebensbereiche sind davon betroffen?

Welche Bereiche meines Lebens, welche Kapitel, welche Überzeugungen möchte ich gerne in Liebe neu schreiben?

JOURNALING-IMPULSE ZUM THEMA SCHREIBEN: DRÜCKE DEINE GEDANKEN UND GEFÜHLE AUS

Die folgenden Fragen ermutigen dich, über deine üblichen Antworten hinauszugehen und tiefer in deine wahren Wünsche und Hoffnungen einzutauchen. Sie helfen dir, in eine offene und ehrliche Kommunikation mit dir selbst zu gehen und ein klares Selbstverständnis zu entwickeln.

Wann habe ich das letzte Mal etwas wirklich von Herzen getan, ohne dabei nach Anerkennung oder Bestätigung von außen zu suchen?

Welche Werte sind mir so wichtig, dass ich bereit bin, für sie einzustehen, selbst wenn es unbequem wird?

Wie würde meine innere Stimme beschreiben, wer ich bin, jenseits meiner beruflichen Rolle und sozialen Identität?

Welche Geschichte meines Lebens würde ich neu schreiben, wenn ich mich komplett frei von den Urteilen anderer fühlen würde?

Was würde ich heute tun, wenn ich vollkommen authentisch sein könnte, ohne Angst vor Kritik oder Missverständnissen?

Was würde ich heute tun, wenn ich sicher wüsste, dass ich in einem Jahr nicht mehr hier bin?

Welche stillen Gespräche führe ich mit mir selbst, die ich nie laut ausgesprochen habe, und wie könnte es mein Leben verändern, sie zu teilen?

Wie fühlt es sich an, wenn ich schreibe, ohne zu filtern oder mich selbst zu zensieren – was kommt aus der Tiefe meines Herzens zum Vorschein?

Was sind die kraftvollsten Worte der Ermutigung, die ich mir selbst geben kann? Wie können sie mein tägliches Handeln beeinflussen?

Wie würde ich meine Lebensgeschichte erzählen, wenn ich sie als Heldengeschichte betrachten würde? Welche Herausforderungen habe ich überwunden, und was habe ich gelernt?

Welche Wahrheiten über mich halte ich zurück, weil ich fürchte, sie könnten mich verletzlich machen oder nicht akzeptiert werden?

Wenn ich eine Unterhaltung zwischen meinem Herzen und meinem Verstand schreiben würde, wie würde diese aussehen?

Was sind die unausgesprochenen Worte, die ich seit Jahren mit mir herumtrage, und wie fühlt es sich an, wenn ich sie endlich auf Papier bringe?

Was würde ich schreiben, wenn ich wüsste, dass niemand es jemals lesen wird? Welche Freiheit würde mir das geben?

Wie kann ich durch mein Schreiben einen Raum schaffen, in dem ich vollständig ich selbst sein kann, ohne Urteil oder Erwartung?

Gibt es innere Konflikte, die ich normalerweise vermeide anzusprechen? Wie fühlt es sich an, sie auf Papier zu bringen und zu erkunden?

Was sind Dinge, die ich bisher nie ausgesprochen habe, weil ich Angst vor den Reaktionen hatte? Wie würde es sich anfühlen, diese Gedanken frei auszudrücken?

Welche Emotionen unterdrücke ich oft in meinem Alltag? Wie kann ich sie durch das Schreiben anerkennen und ihnen Raum geben?

Welche tiefen Sehnsüchte und Träume habe ich, die ich vielleicht noch niemandem erzählt habe? Wie fühlt es sich an, diese zu Papier zu bringen?

In welchen Bereichen meines Lebens treffe ich Entscheidungen, um anderen zu gefallen und nicht, weil sie meinen wahren Wünschen entsprechen? Wie würde ich entscheiden, wenn ich nur meinem Herzen folgen würde?

Gibt es Situationen, in denen ich meine Grenzen nicht respektiere? Wie kann ich lernen, öfter Nein zu sagen, um meine eigenen Bedürfnisse zu schützen?

Welche Talente und Fähigkeiten habe ich, die ich bisher nicht genug gewürdigt oder genutzt habe? Wie kann ich beginnen, sie mehr in mein Leben zu integrieren?

Welche persönlichen Werte und Prinzipien sind mir wichtig? Wie kann ich sie stärker in meinen Entscheidungen und in meinem Alltag verankern?

Gibt es Aspekte meines Selbst oder meiner Vergangenheit, die ich noch nicht vergeben oder akzeptiert habe? Wie könnte ich den Prozess der Selbstvergebung und Akzeptanz beginnen?

Wie klingt meine innere Stimme, wenn ich alle äußeren Einflüsse beiseitelasse? Welche Wahrheiten spricht sie, und wie kann ich lernen, ihr mehr zu vertrauen?

Führt die Richtung, in die mein Leben momentan geht, zu meinen wahren Zielen und Träumen? Was würde ich ändern, wenn ich vollkommen ehrlich zu mir selbst wäre?

Wie könnte ein Tag aussehen, an dem ich beschließe, nur meinem Herzen zu folgen und jegliche äußere Ablenkung oder Einflussnahme zu ignorieren?

Welche unbequeme Wahrheit über mich bin ich bereit, durch mein Schreiben zu erforschen, und was erhoffe ich mir davon?

Welche Frage brennt mir im Inneren, die ich aber immer wieder versuche zu vermeiden, und was könnte passieren, wenn ich sie endlich niederschreibe?

Was ist die eine Veränderung, die ich heute durch mein Schreiben in meinem Leben herbeiführen möchte, und welche ersten Schritte könnte ich dafür auf Papier festhalten?

Wenn ich mir vorstelle, dass meine Worte die Macht haben, Heilung zu bringen – für mich oder andere –, welche Botschaft möchte ich dann vermitteln?

Welche Worte oder Sprüche benutze ich im Alltag häufig? Sind es positive oder negative Worte? Wenn ich genau hinfühle, welche Energie steckt in ihnen?

Gibt es eine Person, der ich gerne einen Brief schreiben möchte, weil es mir schwerfällt oder unmöglich ist, offen und ehrlich über ein Thema zu sprechen, das mir auf dem Herzen liegt? Wenn ja, warum?

Wenn wir mithilfe von Schreibimpulsen unsere Innenwelt erkunden, ist es hilfreich, uns nach dem Schreiben immer wieder auf die Erkenntnisse, die wir daraus gewonnen haben, auf das Positive oder auf neue Handlungsschritte auszurichten. Dazu dient das Reflexionsschreiben, das ich dir bereits vorgestellt habe.

POESIE-ÜBUNGEN

Im nächsten Abschnitt erwartet dich eine besondere Art der Entdeckungsreise – eine Reise durch die Poesie. Die Poesie hat die einzigartige Kraft, uns zu berühren, zu bewegen und uns zu inspirieren. Sie spricht eine Sprache, die jenseits des Logischen liegt – direkt zu unseren Emotionen, unserer Seele, unserem Herzen. Wenn wir mit Gedichten arbeiten, öffnen wir uns für neue Perspektiven und Einsichten, die oft verborgen bleiben, bis sie durch die magischen Worte der Poesie geweckt werden.

So nutzt du die Poesie-Übungen für dein Journaling:

IN RUHE LESEN

Beginne damit, das Gedicht in aller Ruhe zu lesen. Lass die Worte auf dich wirken, ohne zu versuchen, sie zu analysieren oder zu interpretieren. Spüre die Emotionen und Bilder, die sie in dir hervorrufen.

JOURNALING-IMPULSE

Zu jedem Gedicht findest du begleitende Journaling-Impulse, die dich dazu anregen sollen, über bestimmte Aspekte des Gedichts und darüber hinaus über dein eigenes Leben nachzudenken.

EINEN IMPULS WÄHLEN

Wähle einen Impuls aus, der dich besonders anspricht oder herausfordert. Es gibt kein Richtig oder Falsch bei der Auswahl. Vertraue auf dein Bauchgefühl, es zeigt dir, welche Frage gerade jetzt für dich relevant ist.

SCHREIBEN

Setze dir einen Timer für fünf Minuten und schreibe deine Gedanken und Gefühle zu dieser Frage auf. Schreibe zügig und ohne Unterbrechung.

Du kannst übrigens jedes Gedicht, das dich anspricht für so eine Übung nutzen. Es eignen sich auch Zitate oder andere Texte, die dir gefallen. Jede Art von Text kann so gesehen als Inspiration für dein Journaling dienen, und du kannst daraus deine eigenen Schreibimpulse kreieren.

Wanderer, es gibt keinen Weg

Wanderer, es gibt keinen Weg
Beim Gehen macht man den Weg,
und beim Zurückwenden des Blickes
sieht man den Pfad, den man kaum
wieder betreten wird.
Wanderer, es gibt keinen Weg,
sondern Spuren im Meer.

Wanderer, deine Spuren sind
der Weg, und nichts mehr;
Wanderer, es gibt keinen Weg,
den Weg man macht beim Gehen.

Du sagst, dass nichts verloren geht
und vielleicht sprichst du die Wahrheit,
aber wir verlieren alles
und alles wird uns verlieren.

Alles vergeht und alles bleibt,
doch unser Los ist es, zu vergehen,
zu vergehen, indem wir Wege schaffen,
Wege über das Meer.

Antonio Machado (1875–1939)

spanischer Lyriker

Das Gedicht ist eine poetische Reflexion über die Natur unserer Existenz und die Wege, die wir im Laufe unseres Lebens beschreiten. Es spricht von der Reise des Lebens, der Suche nach Bedeutung und der Erkenntnis, dass sich unser Weg erst dann offenbart, wenn wir ihn gehen, durch unser Tun und Sein.

Das Gedicht ist eine Einladung an dich, die Vergänglichkeit der Zeit zu betrachten. Machado schenkt uns Einblicke in den Weg des Lebens, wie wir ihn gehen, und die Spuren, die wir hinterlassen – nicht die, die bereits im Stein gemeißelt sind, sondern die, die wir selbst wählen.

Die folgenden Schreibimpulse laden dich ein, über deine eigene Lebensreise nachzudenken, über die Schritte, die du bisher schon gegangen bist, und die, die noch vor dir liegen. Über die Spuren, die du in deinem Leben gerne hinterlassen möchtest und wie du deinen Weg gestaltest.

REFLEXION ÜBER DEN WEG

- ***Wie definiere ich den Begriff „Weg"? Ist es eine physische Reise, eine spirituelle Suche, eine emotionale Entwicklung oder etwas anderes?***

- ***Von welchem Weg träume ich insgeheim, aber ich traue mir nicht zu, ihn zu gehen? Warum glaube ich, kann ich diesen Weg (noch) nicht gehen?***

- ***Gibt es einen Weg, den ich gerne gehen möchte, der mir aber Angst macht? Warum? Was glaube ich über diesen Weg?***

- ***Wenn ich ab morgen einen anderen Weg einschlagen könnte, welcher wäre das? Wie würde er genau aussehen?***

- ***Habe ich das Gefühl, auf meinem bisherigen Weg falsche Abzweigungen genommen zu haben? Glaube ich, dass ich auf dem falschen Weg bin?***

- ***Auf welche Teile meines bisherigen Lebensweges würde ich am liebsten nicht mehr zurückblicken? Warum? Gibt es hier noch Aspekte, die ich bereue, die ich nicht bewusst betrauert oder die ich mir und anderen noch nicht vergeben habe?***

Weg und Ziel

Oft konzentrieren wir uns auf das Ziel und übersehen die Schönheit oder die Lehren des Weges dorthin.

- ***Gibt es einen Unterschied zwischen dem Weg und dem Ziel für mich? Glaube ich insgeheim, dass Ziel sei wichtiger als der Weg selbst?***

- ***Erscheint mir das Ziel so weit weg und schwer zu erreichen, dass ich deshalb den Weg dorthin gar nicht erst beginne?***

Die Herausforderungen des „Weg-machens“

- ***Wann habe ich zuletzt das Gefühl gehabt, gegen den Strom zu schwimmen oder einen schwierigen Pfad zu beschreiten? Wie gehe ich damit um, und was lerne ich dabei über mich selbst?***

- ***Gibt es Teile in mir, die ihren Herzensweg (noch) nicht gehen, weil ich nicht gegen den Strom schwimmen möchte?***

- ***Was bedeutet es für mich, gegen den Strom zu schwimmen?***

- ***Was glaube ich über Menschen, die gegen den Strom schwimmen?***

Die Spuren, die wir hinterlassen

- ***Was bedeutet es für mich, Spuren zu hinterlassen?***

- ***Welche Art von „Spuren“ möchte ich gerne in der Welt, im Leben, in den Herzen anderer Menschen hinterlassen?***

- ***Gibt es Spuren (Fußstapfen), in die ich gerne hineintreten würde? Und wenn ja, warum?***

Meer der Möglichkeiten

Das Meer in Machados Gedicht kann als Metapher für das Leben und seine unendlichen Möglichkeiten gesehen werden.

- ***Welche „Meere" möchte ich gerne noch befahren und entdecken?***
- ***Glaube ich, dass meine eigenen Möglichkeiten begrenzt sind?***
- ***Welche Möglichkeiten hätte ich gerne?***
- ***In welchen Bereichen meines Lebens fühle ich mich wie ein kleines Schiff auf einem großen Meer? Wie navigiere ich in diesen Zeiten?***

Entdeckung des Unbekannten

Wenn es keinen vorgegebenen Weg gibt, wie gehe ich mit dem Unbekannten um? Schreibe über einen Sprung ins Ungewisse und was du dabei entdecken könntest.

Vertrauen in den Prozess

Das Gedicht legt die Erkenntnis nahe, dass es oft keinen vorgegebenen Weg gibt, sondern dass wir vertrauen müssen, dass sich der Weg entfaltet, während wir ihn gehen.

In welchem Bereich meines Lebens darf ich lernen, mehr zu vertrauen?

MOMENTE DES ZWEIFELS

Das Gedicht spricht möglicherweise auch Zeiten an, in denen wir zweifeln oder uns fragen, ob wir den „richtigen" Weg eingeschlagen haben.

- ***Habe ich solche Momente erlebt?***
- ***Wie habe ich sie überwunden? Wie gehe ich mit ihnen um?***

INSPIRIERENDE WEGE

- ***Denke an Personen, die du bewunderst.***
- ***Welche „Wege" haben sie in ihrem Leben geschaffen?***
- ***Was kann ich von ihnen lernen? Wozu inspirieren sie mich?***

Wachsende Ringe

Ich lebe mein Leben in wachsenden Ringen,
die sich über die Dinge ziehn.
Ich werde den letzten vielleicht nicht vollbringen,
aber versuchen will ich ihn.
Ich kreise um Gott, um den uralten Turm,
und ich kreise jahrtausendelang;
und ich weiß noch nicht: bin ich ein Falke, ein Sturm
oder ein großer Gesang.

Rainer Maria Rilke (1875–1926)

Dieses Gedicht ist ein lyrisches Sinnbild für die persönliche Entwicklung und das stetige Wachstum, das wir durchleben. Rilke ermutigt uns, unsere eigenen Erfahrungen als konzentrische Ringe zu betrachten, die sich um uns herum ausbreiten und uns mit jeder neuen Erfahrung, jeder Erweiterung unseres Bewusstseins und jeder überwundenen Herausforderung weiter wachsen lassen. Das Gedicht ist eine Einladung, den kontinuierlichen Prozess der Selbsterkundung und -entfaltung zu würdigen. Rilke erinnert uns daran, dass wir immer in Bewegung sind, immer dabei, unsere eigene Geschichte weiterzuschreiben und unser eigenes Sein zu erweitern.

Die Schreibimpulse sollen dich inspirieren, über deine eigene Entwicklung nachzudenken, über die Lektionen, die du gelernt hast, und wie du diese Erkenntnisse nutzen kannst, um noch größere Kreise in das Gewebe deines Lebens zu ziehen. Sie laden dich dazu ein, zu reflektieren, wie du wachsen und was für ein Mensch du werden möchtest.

- ***Wie fühlt es sich an, wenn ich mein Leben als wachsende Ringen betrachte, und welche neuen Ringe hoffe ich noch zu ziehen?***

- ***Welche tiefe Sehnsucht treibt meine Umlaufbahnen um das Göttliche oder das, was ich als heilig empfinde, an?***

- ***… „ein Falke, ein Sturm oder ein großer Gesang“ - was bedeutet das für mich, und in welchen Momenten meines Lebens habe ich das gefühlt?***

- *Wenn ich zurückblicke auf die Ringe, die ich bereits gezogen habe, welche Erkenntnisse habe ich gewonnen, und welche Ringe bleiben unvollendet?*

- *Wie gehe ich mit dem Wissen um, dass ich den letzten Ring vielleicht nicht vollbringen werde, und wie beeinflusst das meine Lebensführung?*

- *Wie kann ich lernen, meine Kreise um Gott, oder das, was für mich am bedeutendsten ist, als Prozess zu verstehen, der keine definitive Antwort erfordert?*

- *Was bedeutet es für mich, mein Leben „in wachsenden Ringen" zu leben, und wie gestaltet sich dadurch mein Verständnis von Fortschritt?*

- *Wie kann ich die Unvollkommenheit meines Seins umarmen und dennoch nach Vollendung streben?*

- *Wenn ich mir vorstelle, dass ich um einen „uralten Turm" kreise, was repräsentiert dieser Turm in meinem Leben, und wie beeinflusst er meine Umlaufbahn?*

- *Was würde ich zu jemandem sagen, der am Anfang seines Lebens steht, und welche Weisheit könnte ich aus meinen eigenen Kreisen teilen?*

EINFÜHRUNG IN DIE RINGE

Was verstehe ich unter den „wachsenden Ringen“ in meinem Leben? Welche Momente oder Ereignisse markieren diese Ringe?

BETRACHTUNG DER VERGANGENHEIT

Gibt es einen „Ring“ in meiner Vergangenheit, der einen entscheidenden Wendepunkt in meinem Leben darstellte? Was habe ich aus dieser Phase gelernt?

BLICK IN DIE ZUKUNFT

Welche zukünftigen „Ringe“ kann ich mir für mein Leben vorstellen? Welche Herausforderungen und Freuden könnten sie bringen?

RILKES WORTE

Wähle eine Zeile aus dem Gedicht, die dich besonders anspricht. Warum berührt oder beschäftigt sie mich? Wie kann ich sie auf mein Leben beziehen?

DER LETZTE RING

Was bedeutet es für mich, den letzten Ring vielleicht nicht zu „vollbringen"? Welche Emotionen oder Gedanken löst das in mir aus?

LEBEN IN DER GEGENWART

Wie lebe ich in meinem aktuellen „Ring"? Welche Freuden, Herausforderungen und Erkenntnisse bringt dieser Lebensabschnitt mit sich?

VERBINDUNG DER RINGE

Wie beeinflusst jeder „Ring" oder jede Lebensphase die nächste? Gibt es Muster oder Lektionen, die sich durch meine Ringe ziehen?

REFLEXION ÜBER WACHSTUM

Was bedeutet persönliches Wachstum für mich?

RÜCKBLICK IN ZEHN JAHREN

Stell dir vor, du blickst in zehn Jahren auf diesen Moment zurück. Welchen „Ring“ durchlebst du gerade, und welche Ringe hast du seitdem hinzugefügt?

URKRAFT UND ZENTRUM

Was ist der „uralte Turm“ in meinem Leben? Um welches zentrale Thema oder welche Urkraft kreise ich immer wieder in meinem Leben?

SELBSTERKENNTNIS

Rilkes Gedicht spricht von Unsicherheit bezüglich der eigenen Identität (Falke, Sturm, Gesang). In welchen Momenten meines Lebens habe ich mich gefragt, wer oder was ich wirklich bin?

SYMBOLIK DER ELEMENTE

Wie identifiziere ich mich mit den genannten Elementen, die Rilke erwähnt (Falke, Sturm, Gesang)? In welchen Lebensphasen habe ich wie ein Falke gefühlt, wann wie ein Sturm und wann wie ein Gesang?

ZEIT UND GEDULD

„Jahrtausendelang" kreisen – was bedeutet es für mich, auf einer tiefen Ebene Geduld zu haben? Gibt es Aspekte meines Lebens, bei denen ich das Gefühl habe, ewig zu suchen oder zu warten?

DAS GÖTTLICHE

Was bedeutet „Gott" oder das Göttliche für mich? Wie hat sich meine Beziehung oder mein Verständnis davon im Laufe der Zeit entwickelt?

DER KREISLAUF DES LEBENS

Denke über das Konzept des „Kreisens" nach.

Gibt es Dinge, Ereignisse oder Gedanken, um die ich immer wieder kreise? Wie fühlt sich das für mich an?

BESTÄNDIGE SUCHE

Was suche ich in meinem Leben beständig? Wie führt mich diese Suche näher zu mir selbst oder entfernt sie mich von mir?

KRAFT DER NATUR

Welche Elemente der Natur oder Tiere könnten meine aktuelle Lebensphase oder meine Gefühle symbolisieren? Warum?

WACHSENDE RINGE VISUALISIEREN

Zeichne auf einem Blatt Papier mehrere konzentrische Kreise (wie bei einem Baumstamm). Beschrifte jeden Ring mit einem signifikanten Lebensereignis oder einer Erkenntnis von früher bis heute.

Das Gästehaus

Der Mensch ist ein Gästehaus.
Jeden Morgen eine neue Ankunft.
Eine Freude, eine Depression, eine Gemeinheit,
ein Moment der Bewusstheit:
Sie kommen als unerwartete Besucher.

Heiße sie alle willkommen und bewirte sie.
Selbst wenn sie eine Bande Kummer sind,
die durch dein Haus fegt und die Möbel hinauswirft:
Erweise jedem Gast die Ehre.
Vielleicht räumt er dich leer
für neue Freuden.

Der düstere Gedanke, die Scham, die Bosheit:
Begrüße sie lachend an der Tür
und bitte sie herein.

Sei dankbar für jeden, der kommt,
denn jeder ist dir geschickt als ein Führer
von der anderen Welt.

Rumi (1207-1273)

persischer Sufi-Mystiker, Gelehrter und Dichter

Dieses Gedicht ist eine metaphorische Darstellung der menschlichen Erfahrung, in der Gefühle und Gedanken als Gäste betrachtet werden, die in das Gästehaus unserer Seele kommen und gehen. Rumi lehrt uns, jeden Gast willkommen zu heißen, da jeder einen Hinweis oder eine Lektion für uns bereithält. Dieses Gedicht ist eine Aufforderung, alle Aspekte des Lebens anzunehmen – Freude, Schmerz, Trauer und Glück – und zu erkennen, dass jede Emotion, jede Erfahrung, uns formt und zu dem macht, wer wir sind. Es ist eine Ermutigung, das Unbekannte und Unerwartete zu begrüßen und die Weisheit zu finden, die es uns bringen kann.

Die folgenden Fragen regen dich dazu an, über deine eigenen Gefühle nachzudenken und wie du sie in deinem Leben als Chancen zur Selbstentdeckung und zum Wachstum nutzen kannst. Sie fordern dich auf, dich mit der Natur von Emotionen auseinanderzusetzen und damit, wie sie dich auf deinem Lebensweg leiten können, wenn du diese vergänglichen Besucher liebevoll annimmst.

EINLADUNG AN DEN TISCH

- ***Welche „Gäste" (Gefühle, Gedanken) habe ich kürzlich in meinem inneren Gästehaus empfangen? Wie habe ich sie begrüßt?***

- ***Welcher Gast ist mir schon länger vertraut? Wer kommt immer wieder, und was bringt er mit?***

INNENAUSSTATTUNG

Das Gedicht spricht davon, dass einige Gefühle so heftig sind, dass sie die „Möbel hinauswerfen“.

- ***Welche Emotionen haben bei mir kürzlich für „Unordnung“ gesorgt?***
- ***Wie würde ich mein inneres Gästehaus nach ihrem Besuch wieder einrichten?***

DER FÜHRER AUS DER ANDEREN WELT

Wähle eine Emotion, die du für negativ hältst.

- ***Was könnte sie mir beibringen?***
- ***Was, wenn diese Emotion ein Führer wäre? Was möchte sie mir zeigen?***

DANKBARKEIT

- ***Für welche Gefühle bin ich dankbar?***
- ***Wie haben sie mich und mein Leben geformt oder mir eine neue Perspektive gezeigt?***

LACHENDE BEGRÜSSUNG

Das Gedicht ermutigt uns, selbst dunkle Gedanken „lachend an der Tür“ zu begrüßen.

Was würde passieren, wenn ich meine Ängste oder Sorgen mit Humor nehme?

DEINE EIGENEN GÄSTE EINLADEN

- ***Welche „Gäste“ würde ich in mein inneres Gästehaus einladen wollen?***

- ***Wie könnte ich mein Leben gestalten, um ihnen Raum zu schenken?***

ÜBUNG: EIN PLATZ AM TISCH FÜR DIE ANGST

Setze dich an einen ruhigen Ort, an dem du ungestört schreiben kannst. Stelle dir vor, wie du deine Angst einlädst, sich zu dir an einem imaginären Tisch zu setzen.

DIALOG STARTEN

Schreibe auf der einen Seite deines Journals in der ersten Person für dich und auf der anderen Seite für deine Angst.

Stelle Fragen wie:

- ***Warum bist du hier?***
- ***Was willst du mir sagen?***
- ***Wie kann ich dir Raum geben, ohne von dir überwältigt zu werden?***

AKTIV ZUHÖREN

Achte darauf, wie „die Angst“ antwortet. Versuche, jegliche Vorurteile oder negativen Gefühle beiseitezulegen und einfach nur zuzuhören. Was hat sie dir zu sagen?

DANKBAR LOSLASSEN

Danke der Angst zum Abschluss des Dialogs für ihre Botschaft, selbst wenn sie unangenehm war. Erkenne an, dass sie ein Teil deiner Erfahrung ist, aber nicht deine gesamte Identität definiert.

REFLEKTIEREN

Schreibe ein paar abschließende Gedanken auf.
Was hast du aus dem Dialog gelernt?

Fühlt sich die Angst anders an, jetzt, wo du ihr Raum gegeben hast?

ZUSÄTZLICHE ANREGUNGEN

Du könnest auch einen „Brief der Freiheit“ an deine Angst schreiben, in dem du alle Erkenntnisse und Gefühle zusammenfasst, die im Dialog entstanden sind.

Du kannst diese Übung auch mit jedem anderen Gefühl machen, das dich gerade beschäftigt oder das du gerne tiefer erkunden möchtest – auch mit dem Gefühl der Liebe.

PLATZ FÜR DEINE NOTIZEN

EIN KLEINER ABSCHIED

Nun sind wir am Ende des Buches angelangt, und für mich fühlt es sich an wie ein kleiner Abschied. Ich habe viele Gedanken mit dir geteilt, die mir am Herzen liegen, und dir von meinen persönlichen Erlebnissen erzählt. Ich habe das Gefühl, dass ich dadurch selbst noch mal eine Reise gemacht habe, eine Reise zurück in meine Vergangenheit und tief hinein in mein Herz. Dabei durfte ich erneut erkunden, was ich in den letzten Jahren alles erlebt und gelernt habe, was mir wirklich wichtig ist und wie ich die Welt sehe. Viele Stunden bin ich an meinem Schreibtisch gesessen, um all das in eine Form zu bringen, die Sinn ergibt und dir die eine oder andere Inspiration für deinen eigenen Weg schenkt. Dabei habe ich immer wieder gezweifelt, gehadert und auch geweint – denn es war an manchen Stellen sehr emotional. Doch genauso habe ich es genossen, Wort für Wort zu schreiben und eine tiefe Dankbarkeit dafür empfunden, dass ich dieses Buch schreiben darf. Nun ist es an der Zeit, dass du den Stift in die Hand nimmst und deine eigene Geschichte weiterschreibst.

Wenn ich dir nur einen Wunsch mit auf den Weg geben dürfte, dann wäre es dieser:

Vergiss nie, dass du in jedem Augenblick die Wahl hast. Du kannst entscheiden, wie du leben möchtest und wie du mit deinen Gefühlen umgehst. Schreiben ist ein Werkzeug, das dir dabei helfen kann. Erinnere dich, dass du dich jederzeit für die Liebe entscheiden kannst – und auch dafür, in einer Haltung der Liebe zu bleiben.

Mögest du den Weg deines Herzens gehen und die Welt mit deinem Sein jeden Tag ein bisschen heller machen.

In Liebe,

deine Johanna

P.S.: Ich würde sehr gerne wissen, wie es dir mit dem Journaling ergangen ist. Wenn du möchtest, kannst du mir jederzeit eine Nachricht schicken und mir von deiner Reise erzählen. Schicke dazu einfach eine E-Mail an: hallo@johannakramer.de

DANK

Mein größter Dank gilt meinem Mann Benedikt. Wir gehen nun schon seit so vielen Jahren durch dick und dünn, haben Höhen und Tiefen erlebt. Jeder Tag bringt uns einander noch näher. Ohne dich hätte ich es im Leben nicht bis hierhergeschafft. Danke, dass du an meiner Seite bist. Danke, für deine grenzenlose Geduld mit mir, dein Verständnis, deine Unterstützung und deine Liebe. Ich danke Gott, dass er dich in mein Leben geschickt hat.

Mein Dank gilt ebenso meiner Familie und meinen Freunden. Es gibt so viele Menschen, die mich auf die eine oder andere Art unterstützt haben, während ich an diesem Buch geschrieben habe. Ihr wisst, wer ihr seid. Fühlt euch von Herzen umarmt.

Mein Dank geht an Andrea Langenbacher, meine Lektorin, die mit Adleraugen und Engelsgeduld jede Seite dieses Buch durchforstet und besser gemacht hat – danke für deine Weisheit, deine Sorgfalt und dein Herz.

Mein Dank geht an das ganze Team vom Kampenwand Verlag, das an mein Buch geglaubt hat – danke für die Chance und all eure Mühe und Arbeit, ohne die meine Worte nicht den Weg in die Buchhandlungen und dadurch zu meinen Lesern finden könnten.

Und an dich, liebe Leserin, lieber Leser. Ohne dein Interesse und deine Bereitschaft, dich auf diese Seiten einzulassen, wäre die Reise dieses Buches unvollständig.

SCHREIBIMPULSE DIREKT IN DEIN POSTFACH

Wenn du Lust hast, deine Schreibreise weiterzuführen und regelmäßig Inspiration direkt in dein Postfach zu bekommen, dann habe ich etwas Besonderes für dich: meine Mondbriefe. Zweimal im Monat, im Rhythmus des Neu- und Vollmonds, teile ich wertvolle Schreibimpulse, passend zur aktuellen Zeitqualität.Die Mondbriefe sind meine Einladung an dich, einen Teil unseres Weges gemeinsam zu gehen – mit Worten, die uns verbinden und dem Glauben an die Kraft des Schreibens.

Wenn du dabei sein möchtest, melde dich kostenlos an unter: https://www.johannakramer.de/mondbriefe

ANMERKUNGEN

ENDNOTEN

1 Joe Dispenza, Morgen- und Abendmeditation (Hörbuch), Momanda, 2016, Track 1.

2 Hilarion Petzold, Identität – Ein Kernthema moderner Psychotherapie, Wiesbaden 2012, S. 265.

3 Hilarion Petzold, Identität – Ein Kernthema moderner Psychotherapie, Wiesbaden 2012, S. 266.

4 Hilarion Petzold, Identität – Ein Kernthema moderner Psychotherapie, Wiesbaden 2012, S. 270.

5 Mond-Journaling ist eine besondere Form des Tagebuchschreibens, bei der man die Energie des Neumondes und Vollmondes nutzt. Ich habe dazu ein Mondjournal entworfen, in dem du eine Anleitung für dieses Ritual findest. Zu Neumond schreibt man auf, was man sich wünscht und setzt neue, positive Absichten. Zu Vollmond schreibt man auf, was man gerne loslassen und transformieren möchte.

6 Deborah Ross/Kathleen Adams, Your Brain on Ink – A workbook on Neuorplasticity and the Journal Ladder, Maryland 2016, S. 17 (Übersetzung: Johanna Kramer).

6 Minuten für mehr Glück, Positivität, Dankbarkeit

Tagebuch
ISBN: 978-3969665367

www.kampenwand-verlag.de